HACK ton énergie

ÉLODIE T

HACK ton énergie

MARABOUT

SOMMAIRE

INTRODUCTION

Salut à toi, ô lecteur ! Salut à toi, ô cher hackeur !

Si tu es en possession de ce livre, c'est probablement que tu ressens l'appel du pirate. Inlassablement, tu cherches la terre promise et les ressources qui te permettront de te sentir mieux ? Régulièrement, tu as la sensation de manquer d'énergie ? L'intuition que quelque chose ne circule pas ? Qu'il y a une réalité alternative, que d'autres possibles sont à explorer ? Les disciplines énergétiques t'intriguent ? Eh bien, cher pirate, bienvenue à toi ! Tu es au bon endroit.

Le hacking tel que je te le propose est avant tout une voie d'apprentissage pour celui qui, animé d'une conscience éveillée, s'attache à comprendre le système dans lequel il évolue et en apprend le fonctionnement, afin d'exploiter ses ressources avec justesse et bienveillance. À l'opposé de l'archétype du hackeur agressif et combattant, il est un chercheur et un cocréateur.

Je suis Élodie T., thérapeute-énergéticienne. Dans mon parcours, j'ai connu de nombreux méandres et parfois franchi des abysses. C'est sur le chemin de la guérison que j'ai acquis les outils que je te transmets aujourd'hui. Je ne détiens aucune vérité qui soit universelle, seules m'appartiennent celles que j'ai découvertes en progressant. Devenir la meilleure version de soi revient à comprendre comment nous fonctionnons et à utiliser nos ressources vers le mieux-être. C'est avec bienveillance que je vais te guider pour te permettre d'aimer et d'intégrer chaque part de ton individualité, afin de les autoriser à se déployer. Il n'existe aucune baguette magique, hormis ce qui sommeille en toi, car tu es ta seule solution. Tout est en place et ne demande qu'à être révélé, il te faut seulement apprendre, comprendre et aimer. Ta force ne réside nulle part ailleurs que dans tes mains fébriles, ton esprit curieux et ton cœur agité. Alors nous allons, au fil de ces pages, assurer tes mains, rassasier ton esprit et ouvrir ton cœur dans l'intention de reprendre ce pouvoir, puisque c'est bien dans l'alignement du corps, du cœur et de l'esprit qu'il s'exprime, avec pour limites ton imagination.

Voici ta feuille de route :

Engage-toi ! Non pas envers moi, mais envers toi-même. Ce que je te propose n'est pas un programme miracle, c'est le début d'un cheminement intérieur qui nécessite que tu t'impliques profondément et sincèrement. Le magicien, c'est toi !

Apprends ! « Connais-toi toi-même » est ta première clé, car tu ne peux pas faire évoluer un système que tu ne comprends pas. La connaissance rend libre, elle te permettra de reprendre possession de ton pouvoir personnel, de redevenir acteur et cocréateur de ton espace intérieur, de ta vie.

Donne-toi le temps ! Ne cherche pas à savoir si ce sera long, ce qui importe, c'est que les choses soient concrétisées en fonction de ton espace-temps intérieur.

Agis ! L'expérience est indispensable à l'apprentissage, ce qui signifie que tu vas devoir mettre à l'épreuve la théorie et découvrir ta propre vérité. Tu es le seul à pouvoir apprécier ce qui est bon et juste pour toi. Je t'invite donc à mettre en œuvre l'ensemble des pratiques que je te proposerai, principalement par l'observation, socle de l'apprentissage et de la compréhension. En plus de ton costume de hackeur, tu peux te préparer à revêtir celui de Columbo.

Sois honnête ! Si les troubles qui t'affectent sont profonds ou qu'aucune amélioration ne se dessine à l'issue de cette voie de développement personnel, je t'encourage à te tourner vers des professionnels qui sauront t'accompagner. Ce cheminement ne dispense en aucun cas d'un suivi thérapeutique, au contraire, ils sont complémentaires.

HACK

Devenir hackeur d'énergie

Nous voyons d'ordinaire le hackeur comme un individu sombre, amer et agressif, qui tapote rageusement sur le clavier de son ordinateur, confiné dans l'obscurité de son environnement et de son cœur. Comme un justicier de l'ombre motivé par le désir, affiché ou non, de réinitialiser un système qu'il pense injuste ou oppressant, dont il se sent exclu ou dont lui-même s'exclut. Il parle un langage qui nous est étranger et mène des actions ressenties comme menaçantes, qui nous effraient. Ce n'est pas un archétype auquel nous avons spontanément envie de nous identifier.

Mais le hackeur, c'est aussi Neo qui, dans *Matrix*, cherche à comprendre ce monde duquel il se sent déconnecté. Celui qui sait intuitivement qu'il y a autre chose, quelque part, et qui, guidé par son cœur, au rythme de ses tourments intérieurs, s'efforce de donner du sens à sa vie, de s'affranchir du système, de se libérer… Tu commences à te reconnaître ?

Devenir un hackeur de toi-même, c'est donc devenir un chercheur et un apprenant. Ce qui fera de toi un hackeur bienheureux, c'est l'intention qui motivera chacun de tes actes, la conscience que tu y apporteras et ta capacité d'apprentissage.

CŒUR DE HACKEUR
ton intention

Nous sommes tellement concentrés dans le faire que nous en oublions le pourquoi. Pourtant, c'est cela, le carburant, ce qui anime. L'intention, cet élan de l'âme par lequel on tend à une fin, est ce qui te met en tension vers une action, ce qui te permet de maintenir l'effort et de franchir les obstacles. C'est en quelque sorte ta cause, la motivation qui t'incite à te mettre en mouvement.

L'intention est comme la couleur de nos actes, leur charge énergétique. La questionner, c'est aller voir dans les profondeurs de l'être, racler la surface, se connecter sincèrement à ce qui agit. Lorsque nous entreprenons dans des intentions qui ne sont justes ni pour nous-mêmes ni pour autrui, le résultat est inévitablement incohérent. Dès lors que l'impulsion qui entraîne l'action est liée à un état de cohérence entre le cœur et l'esprit, entre ce que nous sommes et ce que nous faisons, alors l'être s'exprime dans la matière sans entrave, avec facilité.

Quand tu t'engages dans un travail de développement personnel, tu dois donc être conscient de ce qui motive ton action, car c'est cela qui en déterminera le succès. Plus l'intention sera juste et cohérente, plus tu seras efficace et satisfait.

Pour que ton intention soit juste, elle doit provenir du cœur. Il est le centre et le plus puissant outil dont tu disposes, un indicateur infaillible, si tant est que tu l'écoutes. Questionne-le, sonde-le par un dialogue intérieur, afin d'identifier ce qui te mobilise.

Par exemple :

> — Pourquoi veux-tu hacker ton énergie ?
> — Parce que je me sens fragile.
>
> — Qu'est-ce qui te fait te sentir fragile ?
> — Mon manque de vitalité.
>
> — Qu'est-ce que ça représente de manquer de vitalité ?
> — C'est comme si je n'avais pas la force de faire tout ce qui doit l'être.
>
> — Pourquoi est-ce si important de pouvoir tout faire ?
> — Parce que, sinon, c'est comme si j'abandonnais mes proches.
>
> — Qu'est-ce que ça représente d'abandonner tes proches ?
> — C'est être une mauvaise personne.

Ta tête pense que tu veux plus d'énergie, mais ton cœur te dit que tu as peur d'être une mauvaise personne. L'intention étant toute différente, le résultat le sera nécessairement.

Clarifier ton intention en tâchant d'établir ce qui sous-tend tes actes te permet de maintenir intention et attention en tension vers le but que tu recherches. C'est en toi que tu trouveras les réponses les plus en phase avec tes besoins. Tu es ta première et ta meilleure ressource.

LA PRISE DE CONSCIENCE

Développer ton potentiel énergétique va te demander de comprendre ce que recouvre cette notion et la façon dont tu influences et tu entretiens ton énergie au quotidien.

La conscience, c'est le sentiment intérieur que tu as d'une chose. Il est indispensable que tu redeviennes « sentient » si tu veux pouvoir mettre de la conscience dans tes actions et dans tes choix, sortir de ton état d'auto-hypnose, prendre du recul et la mesure des choses. Car rien n'est insignifiant, « rien ne se perd, rien ne se crée, tout se transforme » (Lavoisier), surtout en matière d'énergie. Tu ne pourras espérer voir un changement s'opérer si tu n'éveilles pas ton esprit.

D'une façon générale, nous avons tendance à rejeter la responsabilité de nos actes, nous sommes les rois du « oui, mais… », rien n'est jamais vraiment notre faute. Or, ces attitudes ne sont que des fuites, car notre pouvoir est absolument entre nos mains et notre capacité d'action est incontestable.

Regarder en face cette responsabilité peut être effrayant ; néanmoins, tu portes en toi la capacité d'apporter les réponses adéquates à ton état d'être.

L'énergie, ton énergie, est un concept à la fois proche et obscur, qui fait partie du langage commun. Pourtant, quand il s'agit de se pencher sur la discipline, on se retrouve vite à Katmandou et bien loin de nos codes, sans réaliser que chacun de nous produit de l'énergie autant qu'il en consomme. Prendre conscience de ta réalité énergétique, c'est te rendre compte que ton état de vitalité est intrinsèquement lié à ton état d'être, à ton mode et à ton hygiène de vie, autant qu'à ce que tu nourris dans le cœur et l'esprit. Que tu es un être vibrant, un émetteur et un récepteur d'énergie.

Ramène à ta conscience tes perceptions, sans les juger, afin de t'apercevoir de nouveau de ce que tu éprouves, en étant juste dans l'accueil.

LA BIENVEILLANCE

Être *bien-veillant*, c'est être bien éveillé. Lorsque les choses sont automatiques ou dans l'inconscient, tu n'as aucune prise dessus. C'est cet éveil à toi-même qui doit te permettre de commencer à comprendre et à transformer le système en place en en utilisant les ressources.

Il est fondamental que tu prennes conscience que tous les aspects de ta vie sont à considérer parce que tous sont imbriqués, donc que tu vas devoir questionner de façon *globale*. Cela peut faire peur, et c'est normal, mais dis-toi bien que la voie sur laquelle tu t'engages requiert du temps, de la douceur et de la bienveillance. Plus ton esprit sera aiguisé et tes yeux ouverts, plus les choses se feront simplement, car tu les considéreras elles aussi dans leur globalité. Bien que ce qu'implique ta dimension énergétique puisse être vertigineux, cette connaissance est galvanisante, car c'est dans ta nature que réside ton super-pouvoir.

Pour faire preuve de bienveillance envers toi-même, il va te falloir sortir de la notion de jugement, considérer ce que tu vis du point de vue de la gratitude, comme des ressources potentiellement exploitables. Les choses sont ce qu'elles sont à un instant *t* et elles le sont en résultat d'un certain nombre de paramètres. Rien ne sert de les juger si ce n'est pour t'accabler davantage, accepte-les telles qu'elles se présentent. Il n'est rien qui ne puisse être guéri qui ne soit d'abord accepté, et pour accepter, il faut cesser de juger.

Notre cher hackeur, devant son clavier, n'a aucun intérêt à porter un jugement sur le code qu'il tente de percer, il lui est bien plus profitable de comprendre comment en tirer parti pour parvenir à modifier le système. Ainsi, une ligne qu'il aurait pu croire inutile ou défaillante lui servira peut-être de porte d'entrée, de ressource. En d'autres termes, tout jugement est limitatif, car il t'éloigne de ton potentiel.

Pratique

Voici trois exercices que je te propose pour te connecter à toi.

L'intention

Pose-toi au calme. Crée un environnement propice au relâchement et coupe toute source de distraction. Prends un moment pour te détendre avec quelques grandes respirations, en allant bien au fond des expirs. Puis centre-toi sur ta problématique et questionne doucement en écoutant les réponses du cœur et en remontant le fil posément jusqu'à ce que tu sentes que tu y es.

Scanne le code pour te laisser guider.

Voilà, ton intention est maintenant claire.

La prise de conscience

Lorsque tu penses à ton énergie, c'est en général que tu as la sensation qu'elle te fait défaut. « [Les] choses [...] n'existent jamais tant que le manque qu'elles ont laissé » (Jean-Jacques Goldman[1]).

Dès que tu perçois que ta vitalité fléchit, demande-toi depuis quand tu ressens cet état et comment ton hygiène de vie, ta vie affective ou mentale ont pu y contribuer dans quelle mesure ton alimentation, les émotions que tu as refoulées, les pensées que tu as ruminées, t'ont affaibli.

Cela devrait t'amener à prendre conscience que tout est lié et que rien n'arrive par hasard, que chaque circonstance est le produit d'une autre.

Pratique

La bienveillance

Puisque la bienveillance repose en partie sur le non-jugement, je t'invite à prendre conscience des situations dans lesquelles tu te jauges. Pour quelques jours, observe ton dialogue intérieur, note la façon dont tu t'adresses à toi-même, les mots que tu emploies pour te définir ou te parler. Il est important que tu mettes ces observations par écrit : cela te permettra de prendre la mesure de la mésestime que tu te portes et des contraintes que tu t'infliges probablement en permanence.

Dans un second temps, prête attention aux autocensures, toujours par le langage ou les croyances, aux contextes qui te poussent à ne pas t'autoriser, à te dévaluer. Es-tu bienveillant ou plutôt dans le jugement ?

Tente d'apporter un peu de modération – ou au moins de la neutralité – à tes propos et, une fois par semaine, mène une action que tu te serais refusée auparavant. Juste pour voir.

LA VOIE *du hacking*

Ce dont souffre notre monde, et qui t'oppresse aussi probablement, c'est de se sentir pris dans un système qui fonctionne sans nous. Nous avons l'impression d'être des automates dont les actions seraient dépourvues de sens, de vivre dans la déconnexion à soi la plus complète, bien que connectés en permanence. Et malgré tout, nous ressentons comme une impulsion irrépressible, une intuition qu'une autre réalité est possible… Le premier réflexe est de chercher à l'extérieur, mais comme Neo, tu apprendras que la force est en toi, qu'il ne réside rien, nulle part, qui ne soit déjà là, tapi dans l'ombre de ta conscience.

C'est cette pulsion de vie qui nous amène à nous tourner vers toujours plus de développement personnel et de bien-être, dans l'heureux espoir de dépasser cette incompréhension latente, ce non-sens de nos existences.

Dès lors que tu commences intuitivement à t'interroger, à te remettre en question, c'est que tu es déjà engagé dans la voie du hacking, car tu affûtes ton désir de compréhension, tu t'éveilles, avant même d'obtenir les réponses qui te permettront d'évoluer. C'est le premier pas du chemin, le premier souffle. Grâce à cette conscience que tu aiguises, tu sens au plus profond de toi que quelque chose gît, qui cherche à émerger. Il te semble qu'au terme de cette quête de sens tu pourras être libre, t'affranchir du système – et en effet, la connaissance est source de liberté.

Il n'est aucun cheminement qui ne nécessite effort, motivation et apprentissage. Aussi, je te propose d'envisager la notion de *hack* selon cet acronyme :

"H" pour holistique.
"A" pour apprendre.
"C" pour cocréer.
"K" pour kief et kaizen.

"H" POUR HOLISTIQUE

Pour comprendre le code qu'il souhaite pirater, le hackeur doit le regarder dans sa version holistique, dans son intégralité. Son action resterait inefficace s'il ne devait s'intéresser qu'à une ligne de programmation, car tous les éléments qui le composent sont interdépendants. Chacune de ses interventions aura donc des répercussions sur le système général. De même, tu ne pourras réellement te hacker que si tu considères ta nature pleine et entière, dans toutes ses dimensions.

Tu es un ensemble de microsystèmes qui forment un système local – toi –, et tu es baigné dans un système global – l'Univers. Tout est interconnecté. La conscience de cette globalité est essentielle, car elle te permet non seulement de prendre la mesure du pouvoir que tu peux exercer, mais également d'agir dans les meilleures conditions en toute connaissance de cause… et d'effet.

Ta nature énergétique prend sa source au cœur de l'atome. Tu abrites quelque 100 000 milliards de cellules, qui elles-mêmes sont constituées de plusieurs milliards d'atomes – ça fait vraiment beaucoup de monde et beaucoup d'énergie. En outre, ton énergie s'étend bien au-delà des limites de ton enveloppe corporelle pour te connecter au monde et t'y donner une place.

Le système énergétique intégral de l'être est étourdissant. Tout en toi – corps, cœur, esprit – vibre et communique. Tes émotions peuvent être perçues à plus de 2,5 mètres, tes pensées ont un impact vibratoire sur le champ quantique qui relie toutes choses, les particules dont sont faites tes cellules sont intriquées à toutes celles de l'Univers.

Nous commencerons donc par une vision complète de ton énergie dans le système global de l'être.

"A" POUR APPRENDRE

La réalité énergétique de la nature humaine n'est pas une notion innée ni même une connaissance vraiment développée ou accessible dans notre société. Bien que science et spiritualité se rejoignent dans cette discipline et que ce soit la science qui nous en donne l'aperçu le plus épatant, quand il s'agit de comprendre comment cela fonctionne, ce sont clairement les traditions orientales qui nous permettent d'acquérir le plus de clés.

De même que tu ne peux pas communiquer clairement avec quelqu'un dont tu ne maîtrises pas la langue, tu ne pourras pas hacker un système dont tu ne comprends pas le fonctionnement, le code. Ta priorité va donc être d'apprendre à parler ce langage pour être capable d'interagir et de décider d'en exploiter les ressources.

Beaucoup de choses vont être nouvelles dans cet apprentissage ; pourtant, tu verras que l'on peut toujours garder un ancrage dans le tangible et la science, et qu'il s'agit bien souvent de bon sens et d'écoute.

Cela va également t'inviter à une profonde humilité et te permettre de relativiser, mais surtout de connecter ton pouvoir le plus essentiel, celui de ton libre arbitre.

"C" POUR COCRÉER

L'énergie est une force incommensurable, elle est ce qui relie toutes les parts de l'être dans l'atome, elle est ce qui en unit les éléments. En toi, c'est pareil, elle est ta force, elle est le trait d'union avec ton environnement et autrui.

Il ne s'agit pas de chercher un autre en toi, tu es parfait, tu es la perfection de l'imperfection. D'ailleurs, je ne crois pas que l'on puisse changer fondamentalement. Le vouloir reviendrait à accepter qu'une part de soi est mauvaise ou inapte. Tu n'as pas besoin de changer, tu as besoin de *devenir* celui ou celle que tu veux être, celui ou celle que tu peux être dans ta version optimale. Il s'agit de transcendance, de cocréation.

Pour en revenir à notre hackeur, il ne change pas le système qu'il pirate, il en exploite les ressources pour en tirer un bénéfice. Il le transforme, il le fait devenir une version améliorée, plus juste et congruente pour lui, il travaille avec les ressources en présence.

T'offrir de ramener de la conscience, de comprendre et d'apprendre ce dont il s'agit en termes d'énergie va te permettre d'acquérir une perception plus globale et complète de toi, d'ouvrir le champ de tes possibles. Tu t'apercevras ainsi que tout est malléable, flexible, et que la nature de l'Univers, comme la tienne, n'est que mouvement et adaptation.

Te hacker, c'est accepter et exploiter tes ressources. Être un cocréateur, c'est prendre conscience de ton potentiel et t'unir à lui pour devenir la version de toi-même qui te semble la plus satisfaisante.

"K" POUR KIEF ET KAIZEN

Le *kief* est le repos absolu au milieu de la journée, ce moment où tu te prélasses, où tu te détends totalement. Parvenir à cocréer avec ton énergie pourrait ressembler à cela : te laisser aller dans une union complète et constante au monde.

À mes yeux, un guerrier victorieux est celui qui dépose les armes et ôte son armure. Tant que tu portes une cuirasse, c'est que tu estimes avoir besoin de protection ou que tu cherches à dissimuler quelque chose, le plus souvent, ta vulnérabilité. Car ce sont bien cette tension de l'être et cette carapace qui, en te masquant tes propres ressources, te rendent infiniment fragile. Dès lors que tu auras pris conscience de ton potentiel, que tu l'auras accueilli, tu pourras te prélasser. Bien sûr, tu seras confronté à l'altérité, et il sera important de te montrer et de respecter la personnalité et l'évolution de cet autre, autant que tu te seras respecté.

Le *kaizen* est la philosophie de la progression constante, toujours à petits pas. Vouloir instaurer des modifications radicales dans ta vie et ton rapport à toi-même risque de t'amener à un constat d'échec, car ta situation actuelle est la conséquence de ton expérience, de tes choix et de tes besoins. C'est la zone de sécurité créée par l'être à mesure de son parcours de vie. Proposer un changement drastique lèverait toutes tes structures de défense et te conduirait droit dans le mur. C'est pourquoi je suis plutôt partisane de l'idée de devenir un pas après l'autre. Assure-toi des transformations positives et pérennes en les mettant en œuvre progressivement.

LE HAKA «OSE TE DÉPLOYER»

Ce petit acronyme, cette vision toute personnelle du hacking, pourrait bien être un mantra ou un chant guerrier, la comptine du pirate…

> « Je kiffe de cocréer avec mon énergie, par l'apprentissage, pour mon bien-être holistique. »

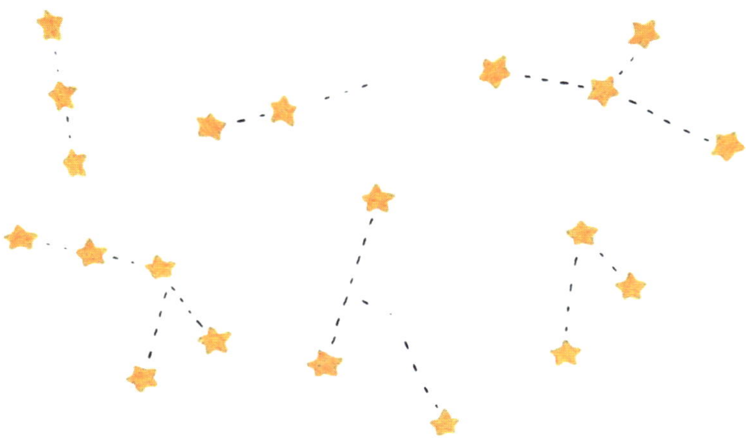

HACK

Holistique : la matrice

Lorsqu'on aborde la notion d'énergétique, assez rapidement, on pense à Katmandou ou aux charlatans. Si je te parle de ma pratique d'énergéticienne, tu visualiseras probablement l'attirail *New Age*, l'encens, les clochettes, les robes à fleurs et les mantras… non ? Allez, sois honnête… Et c'est bien normal, au vu de l'héritage culturel, médiatique et de l'inconscient collectif auquel nous sommes attachés, selon lesquels ce qui n'est pas prouvé est soit du folklore, soit dangereux. Rappelons-nous que celles qui utilisaient ces disciplines ont été nommées « sorcières » et brûlées. Logique, donc, que dans ces conditions, si je te dis « énergie », tu estimes : « Oh lala ! C'est pas sérieux ! »

Tu jugeras que, puisque rien n'est attesté dans ce domaine, ce n'est pas vrai. En effet, l'avènement de la science et la séparation de l'Église et de l'État nous ont amenés à dissocier connaissance scientifique, spiritualité et philosophie pour arriver à une situation d'appauvrissement de la pensée et de déconnexion à notre essence, qui a construit la société dans laquelle nous évoluons plus ou moins facilement, société qui, soit dit en passant, court à sa perte. Il y a donc urgence à reconnecter les différents aspects de la pensée et de la vie humaines.

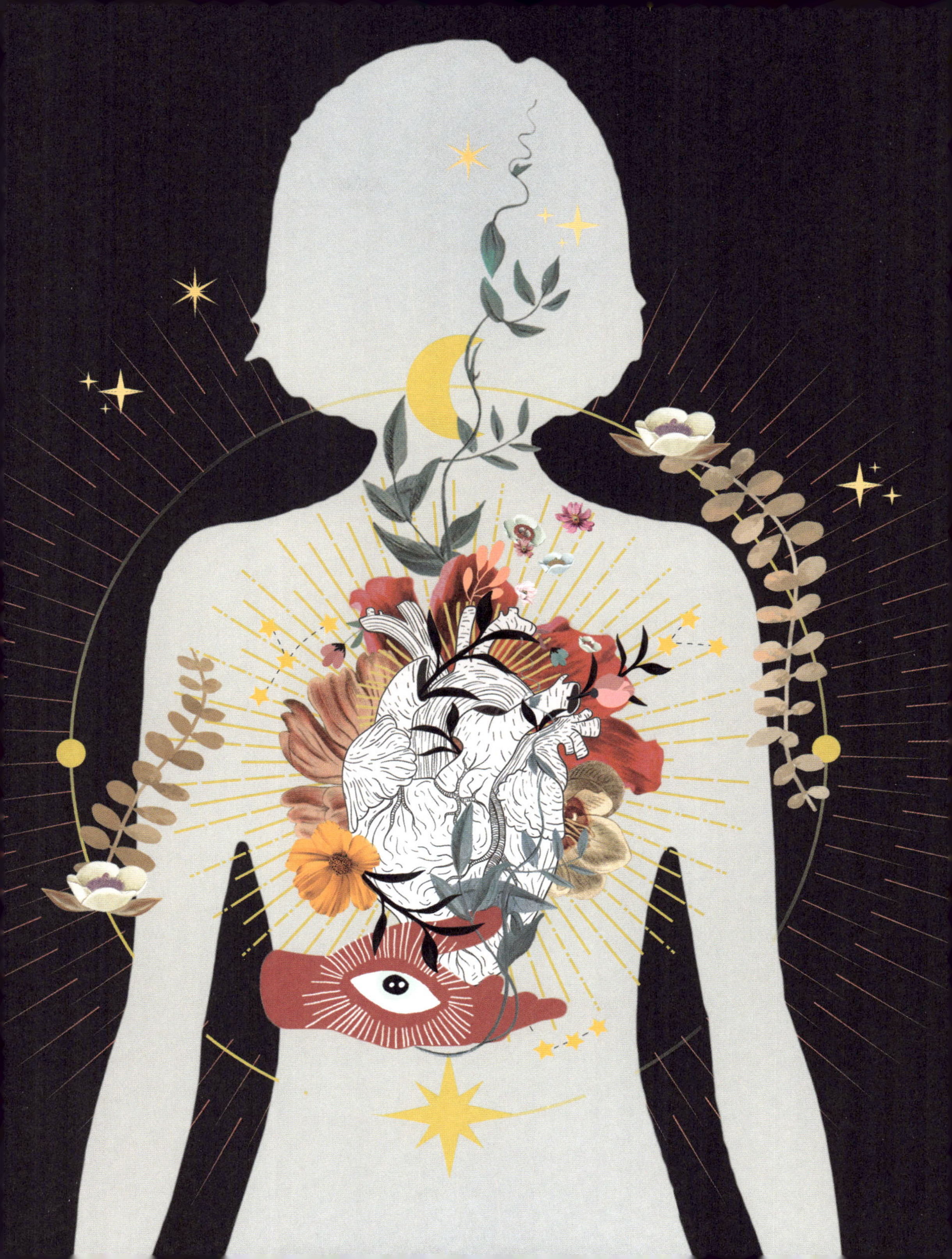

DE L'ÉNERGIE *à la matière*

Ce que je te propose est de réconcilier science et spiritualité, car non seulement l'énergie est une évidence physique amplement étudiée et bien documentée, mais en plus, elle est la source de ta réalité et de tes possibles.

Devenir un hackeur de ton énergie va ainsi impliquer de comprendre le système global, l'infiniment grand autant que l'infiniment petit. C'est par l'intermédiaire de la physique que nous accéderons à la spiritualité et tu verras que rien n'est dissocié, que ton unité relève peut-être de l'union des visions scientifique et spirituelle. Je suis sûre que déjà ton attention s'affûte : « Quoi ? Comment ? Il y a une réalité scientifique aux pratiques énergétiques ? » Eh bien, oui ! Même si nous sommes des êtres d'esprit, notre réalité est bien tangible et, à mes yeux, c'est par un ancrage profond dans celle-ci, soit la connaissance, que nous pouvons nous élever vers les sphères plus subtiles. La science pourrait être le socle de la spiritualité, et non son opposé… En effet, quelles que soient les velléités d'éveil de ton âme, elle est incarnée dans un corps et un Univers concrets, qui nécessitent d'être compris pour être habités et exploités dans le sens le plus juste pour toi.

N'aie pas peur, même si tu n'aimais pas la physique à l'école, ça va bien se passer, car ce que je te propose est une vision tout autre de ton corps et de l'Univers, qui va t'ouvrir un champ de possibles particulièrement excitant. Accroche ta ceinture, c'est parti !

Communément, on oppose la matière (le tangible) à l'énergie (le subtil), un peu comme on confronte à la science la spiritualité. Mais dans notre croisade de réconciliation, voyons de quoi est faite la matière de l'Univers[2]. Notons en premier lieu que ce que nous appelons « matière » n'en représente que 5 %, et que le reste n'est que du « vide », le champ de l'énergie comme nous l'apprendrons plus loin.

Si l'idée est de comprendre la nature de la matière et de l'énergie, alors nous allons devoir revenir au plus petit élément (pour le moment) observable de l'Univers : la particule élémentaire.

La matière est composée d'atomes, assemblés de différentes manières pour constituer le macrocosme fascinant qui nous entoure. À ton échelle, c'est ton petit corps, un amas de matière organisé en systèmes, qui sont composés d'organes, constitués de cellules, elles-mêmes faites de molécules, faites d'atomes, faits de particules.

Allons-y progressivement et penchons-nous tout d'abord sur les atomes. Ceux-ci ont été répertoriés par Dmitri Mendeleïev, en partie en fonction du nombre de protons que contient leur noyau, dans son tableau périodique des éléments. Mis à jour en 2015, il comporte 118 éléments chimiques, qui sont les fondements de ta réalité tangible (dont seulement 94 se trouvent à l'état naturel[3]). Depuis l'arbre en passant par le lièvre, l'ordinateur, la voiture, le steak, la laitue, la lune ou ton organisme, tout est composé des mêmes atomes inventoriés dans ce même tableau. Déjà, ça devrait mettre un coup à l'idée que l'homme domine le règne du vivant, puisque nous sommes tous issus des mêmes micro-éléments.

Ces fameux atomes ont longtemps été considérés comme les éléments basiques de l'Univers, jusqu'au début du XXe siècle, où l'on s'est aperçu qu'en réalité, l'atome, qui veut dire « indivisible », était bel et bien sécable et constitué d'éléments encore plus petits nommés « particules ». La particule devient alors le composant le plus infime de la matière, nous plaçant à une échelle subatomique.

Disséquons tout ça...

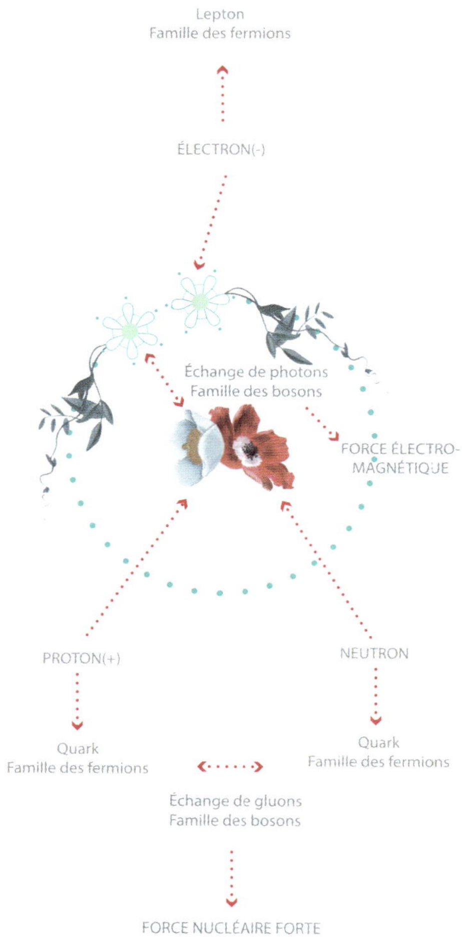

L'atome, c'est donc un noyau entouré d'un nuage d'électrons.

Le noyau est composé de protons (chargés positivement) et de neutrons (neutres, comme leur nom l'indique). Les protons et les neutrons sont eux-mêmes faits de quarks, particules élémentaires de la famille des fermions. Les éléments du noyau tiennent assemblés grâce à un échange constant de gluons, appartenant à la famille des bosons, qui agissent à la manière d'une glu (d'où leur nom, fastoche) et produisent la force nucléaire forte. Ordinairement, le noyau est stable ; lorsqu'il ne l'est pas, il est radioactif.

Les électrons (chargés négativement), quant à eux, sont constitués de leptons, de la famille des fermions. Ils tiennent « en orbite » autour du noyau grâce à la force électromagnétique produite par l'échange constant de photons (la particule de lumière, de la famille des bosons) entre le noyau et le nuage d'électrons.

Tu remarqueras que les particules de « matière », les quarks et les leptons, appartiennent à la même famille, les fermions, tandis que ceux qui relèvent du champ de force qui unit, les gluons et les photons, sont associés à la famille des bosons. Ce sont les deux grandes familles : les briques (les fermions) et le ciment (les bosons).

Pour que l'atome soit stable, il faut un nombre identique de protons et d'électrons, qui définit également ses caractéristiques chimiques.

La force électromagnétique est à l'origine du champ du même nom, dont les domaines d'application sont multiples (Wi-Fi, télévision, radio, etc.). Notre société moderne dans son ensemble s'est développée autour de cette force. Elle est de l'énergie, l'atome lui-même est de l'énergie condensée et maintenue en équilibre. Ainsi, on ne peut pas dissocier la matière de l'énergie qui assure sa cohésion.

Cette dissection succincte de l'atome nous apporte plusieurs voies d'interprétation métaphysique.

Tout d'abord, énergie et matière ne sont pas opposées, elles sont intrinsèquement liées et interdépendantes. La matière est énergie, le subtil est dans le tangible, un peu comme l'âme dans le corps...

Ensuite, dès lors qu'il y a matière, c'est-à-dire atomes, il y a champ électromagnétique. Ainsi, oui, la matière vibre et a une réalité non visible au-delà du visible... Albert Einstein disait : « Les objets physiques ne sont pas dans l'espace, ils se prolongent dans l'espace comme des champs. »

Enfin, la nature de l'atome est l'équilibre. Il doit y avoir autant de positif que de négatif. Cela peut faire écho à la tradition du *tao*, pour laquelle l'énergie universelle, le *Qi*, vit en toutes choses. Ses deux pôles, l'un positif, le *yang*, et l'autre négatif, le *yin*, doivent également se compenser pour créer l'harmonie. Dans la composition physique de l'atome, on trouve donc déjà une résonance avec l'héritage spirituel. C'est un bon début !

Pratique

Difficile, hors laboratoire super-puissant, de te faire expérimenter les potentiels de ta vie atomique. Cependant, si l'on s'en tient à l'une des caractéristiques de l'atome, le positif équilibre le négatif, de même que, d'après le tao, chaque chose porte en elle son opposé.

Partant de ce constat, je t'invite à te mettre en quête du yin et du yang, des deux côtés de la Force, en relevant, pour chaque événement que tu vas vivre, son pendant positif ou négatif.

Ainsi, tu t'apercevras probablement que ce qui compte, dans chacune des situations de la vie, n'est en effet pas ce qui arrive, mais le point de vue que tu auras adopté.

DE LA SÉPARATION *à l'union*

Maintenant que la vie de l'atome est claire et qu'il est acquis que ce composant fondamental de la matière est une somme d'énergies, revenons à nos particules élémentaires. Accroche-toi, jeune padawan, ça va devenir excitant !

Dans l'étude et l'observation de ces éléments, il est apparu deux phénomènes aux implications métaphysiques, et donc spirituelles, assez fascinantes, qui devraient faire bouger un chouïa ton paradigme : tout d'abord, leur nature « indéfinie », ou l'inhérence de leur dualité, et ensuite leur lien immuable. Cela se nomme, d'une part, la « dualité onde-corpuscule » et, d'autre part, l'« intrication quantique ». Respire un grand coup, ton monde va changer.

LA DUALITÉ ONDE-CORPUSCULE

La dualité onde-corpuscule de la particule est l'un des fondements de la physique quantique. La particule est considérée comme non définie, c'est-à-dire qu'elle peut se trouver dans un endroit A autant que dans un endroit B et qu'elle peut se comporter tout à la fois comme une onde (de l'énergie) et comme un corpuscule (de la matière). Elle n'est qu'une somme de probabilités, c'est le contexte qui va spécifier son comportement. Par conséquent, la matière n'existe pas vraiment au sens où on l'entend couramment, en tant qu'objet déterminé, elle est juste probable… Attends, je t'explique…

La particule n'a en soi pas de position précise. C'est le fait d'être mesurée, observée, qui l'oblige à opter pour une zone où la probabilité est la plus forte.

Ainsi, lorsqu'on projette sur une surface photographique des photons en les faisant passer d'abord par deux fentes (c'est l'expérience réalisée au XIXe siècle par le physicien Thomas Young), on visualise des franges d'interférence, c'est-à-dire des bandes, sur la surface de réception. Les photons se comportent comme des ondes. En revanche, lorsqu'on les projette un à un, ils se placent en un endroit précis ; contraints de choisir leur position, ils se comportent comme des corpuscules. Mais si on continue à projeter ces photons l'un après l'autre, la superposition des impacts recoupe le modèle ondulatoire de départ.

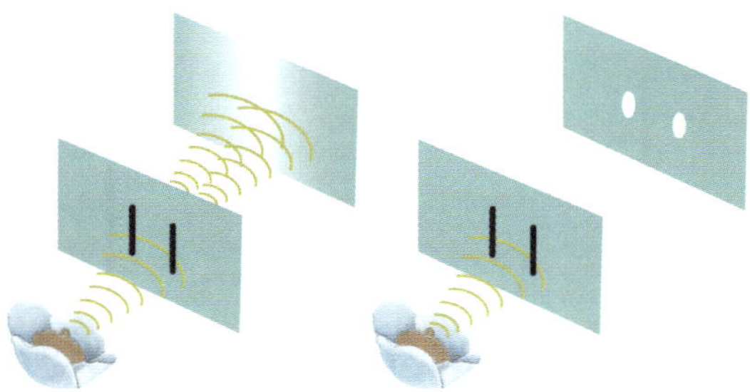

La particule, base de la matière, est donc identifiée comme une somme de potentiels qui suit un modèle de probabilité dicté par l'environnement – les conditions expérimentales, dans notre cas. On extrapole souvent cette expérience en y incluant le regard de l'observateur comme partie prenante du choix opéré par la particule. C'est simplement que l'expérimentateur modifie le modèle de probabilité, et que la particule s'y adapte.

La dualité onde-corpuscule rend intangible tout ce que l'on croit tangible et, surtout, relie tout ce que l'on présume séparé. Les circonstances extérieures, donc l'information transmise, ont un impact sur le comportement de la particule. Ainsi, il n'y a plus seulement énergie et matière, mais énergie, information, puis matière.

De nouveau, la séparation théorique entre énergie et matière apparaît inappropriée. Les traditions bouddhistes nous disent que l'énergie se concentre là où se focalise l'attention. Eh bien, la réponse de la particule nous le démontre : elle réagit spécifiquement en fonction de l'attention qui lui est portée. Un nouvel élément s'ajoute dans l'équation : l'information. Notre Univers pourrait ainsi être vu comme la trinité indissociable énergie-information-matière. Il n'y aurait donc pas l'environnement d'un côté et l'objet de l'autre, mais un lien intrinsèque entre les deux. L'information (émotionnelle ou mentale) que tu émets ou le contexte ont un impact sur ta réalité. Tu es créateur de ta réalité. Ça va toujours ?

L'INTRICATION QUANTIQUE

Normalement, à ce stade, ta vision du monde a déjà commencé à évoluer, mais allons un peu plus loin. Un autre des apports métaphysiques de la physique quantique est le phénomène d'intrication, selon lequel tout est relié.

Nous sommes encore au niveau subatomique, dans le joyeux monde des particules. L'intrication quantique, dont la réalité a été démontrée par l'expérience d'Alain Aspec[4], établit que, dès lors que deux particules ont été liées, elles le restent ; elles modifient naturellement et instantanément leur état pour s'accorder, quelle que soit la distance qui les sépare. Cela implique qu'il subsiste une forme de lien informationnel intangible entre les deux. Il est aussi prouvé que cette modification perdure jusqu'au prochain changement d'état de l'une ou de l'autre, donc que la matière a une mémoire.

On peut ainsi voir l'Univers comme une gigantesque trame sur laquelle circule l'information, une toile infinie, un Web quantique, que l'on appelle « champ quantique » ou « matrice » (choisis ce qui te plaît). Il s'agit du « vide » autour de toi. L'important étant que cette réalité subtile est inhérente à la réalité tangible, dont elle connecte chaque élément.

Cette trame informationnelle et mémorielle est déjà présente dans les écrits anciens. La sagesse indienne la nomme *Akasha* ; les Grecs, *Kosmos* ; en Chine, c'est le tao… Elle fascine, car elle représente la nature invisible de l'Univers et le lien entre toutes les parcelles du monde. Des expériences ont été menées en vue d'observer la transmission de l'information au sein de ce champ quantique. Certaines sont édifiantes, comme ce que l'on appelle l'« effet Maharishi », du nom d'un maître de méditation transcendantale, convaincu que ce mode de concentration de l'esprit, vecteur d'intentions, a le pouvoir de changer le monde. Dans les années 1980, sur le front du conflit israélo-libanais, un groupe de méditants pour la paix a ainsi médité pendant plusieurs jours. Il a été constaté dans ce laps de temps une baisse significative de la violence, des attentats, des vols, etc[5].

Non seulement nous sommes faits d'énergie, mais nous baignons dedans, et ce champ énergétique est de surcroît porteur d'informations.

Pratique

La dualité onde-corpuscule

La dualité onde-corpuscule rend compte de la connexion des particules avec leur environnement et de la manière dont elles s'y ajustent.

Tu es une somme de particules dans une soupe géante de particules, une somme de probabilités dans un monde de possibles. Je t'invite donc à observer pour quelques jours, à ton échelle, comment ton cadre de vie influe sur la position que tu adoptes.

Dans un premier temps, relève la façon dont tu modules ton comportement en fonction du contexte dans lequel tu te trouves. Comment la situation, les personnes que tu côtoies, conditionnent-elles tes décisions ?

Porte ensuite ton attention sur l'ensemble des probabilités à ta disposition. Prends conscience qu'à chaque instant, tu optes pour une possibilité plutôt que pour une autre, mais qu'en soi aucun état n'est prédéterminé. Des options sont toujours envisageables. Tu choisis celle que tu estimes la plus probable, la plus à ta portée, celle que tes croyances autorisent… ce n'est pourtant pas la seule !

Efforce-toi de prendre en considération la pluralité des possibles dans laquelle tu évolues et de caractériser les liens que tu entretiens avec chacun d'eux…

Pratique

L'intrication quantique

L'intrication quantique met en lumière la notion de lien pérenne entre toutes choses, hors de l'espace et du temps – tout ce qui a été lié le reste.

En extrapolant ce principe à ta vie, je t'invite à relever les connexions qui subsistent…

Observe comment tu peux savoir si ton amie ou ta sœur vont bien ou mal, même sans contact.

Comment tu peux penser à quelqu'un et recevoir son appel.

Comment les mécanismes de ta famille sont aussi les tiens.

Note et accepte ces liens. Pour ceux qui toutefois ne te conviennent pas, demande-toi comment reprogrammer l'information et prends conscience que si tu modifies ton état cela aura un impact sur tous ceux qui sont concernés.

DE L'INDÉPENDANCE *à l'interaction*

Jusqu'ici, tu te croyais indépendant du milieu qui t'entoure, et c'est bien naturel : créer des séparations est une nécessité pour te distinguer de ton environnement et pouvoir t'y positionner. Ce n'est cependant qu'une illusion, maintenant, tu le sais.

Non seulement tu es connecté au monde, comme nous venons de le voir, mais tu interagis aussi avec lui. C'est une chose d'entendre que tu es lié à ce qui t'environne, une autre de penser que tu peux exercer une influence sur ce qui t'est extérieur. Là encore, l'interaction des hommes et de l'Univers prend sa source dans les traditions spirituelles et se retrouve en physique, selon la théorie des champs.

Voyons ce que cela recouvre. En plus d'être relié au monde, tu vas découvrir ton pouvoir. Prêt ? On y retourne.

LA THÉORIE DES CHAMPS

L'atome, tel que nous l'avons exploré, est donc générateur d'un champ électromagnétique. Chaque atome, en fonction de sa nature, produit un champ singulier, une fréquence particulière. Les ensembles d'atomes – les molécules – créeront ainsi leur champ propre. *Idem* pour les ensembles de molécules – les cellules –, encore pareil pour les organes et les systèmes physiologiques. Ton corps, dans son entier et dans le détail, génère un champ électromagnétique. Et l'Univers n'est qu'une somme de champs interconnectés au moins parce qu'ils sont voisins. Le monde est composé d'énergies inséparables, c'est une totalité indivisible dont le but est l'équilibre. L'ingénieur Nikola Tesla disait : « Si vous voulez comprendre les secrets de l'Univers, pensez en termes d'énergie, de fréquence, d'information et de vibration. »

La théorie des champs n'est pas toute jeune, elle date du début du XIXe siècle. Le concept de champ permet de définir les interactions entre les forces, dont la force électromagnétique. On passe ainsi de la force au champ. Tout champ électromagnétique est le produit d'une source – l'atome, ton corps ou bien encore ton cœur ou ton cerveau, autant qu'un câble électrique – et se propage jusqu'à un champ limitrophe, interagissant avec lui et pouvant en affecter la structure ou le mouvement. Les physiciens James Clerk Maxwell et Michael Farday ont mis en évidence que toute charge (électrique ou magnétique) crée une perturbation dans l'environnement et que cette perturbation se transmet au champ avoisinant[6]. Ainsi, les champs sont reliés et interagissent les uns avec les autres : ce qui se passe dans l'un d'eux influence le voisin, qui s'adapte dans le but de maintenir la stabilité et l'équilibre global. Rappelle-toi la Force…

Johannes Stark et Pieter Zeeman, quant à eux, ont identifié que, lorsqu'on modifie le champ électrique, on altère le champ magnétique, et inversement[7]. Dès lors, toute variation dans la source du champ l'affecte aussi.

Ta nature profonde est donc de générer de nombreux champs électromagnétiques qui te mettent en relation avec le monde. De celui de tes cellules à ceux de ton cœur et de ton cerveau, tu es une source vibratoire, un générateur puissant capable d'avoir un impact sur ton environnement. Et tout ça sans t'en rendre compte…

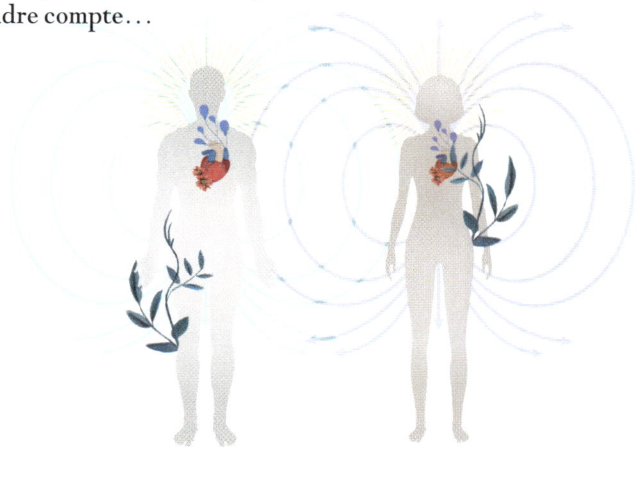

Pratique

La Force est en toi, jeune padawan, tu la diffuses et, ce faisant, tu exerces une action sur ce qui t'entoure… Pas si fou, le George (Lucas) !

Je t'invite, pour cette pratique, à prendre conscience du fait que, parmi les générateurs que compte ton organisme, il y a ton cœur (tes émotions) et ton cerveau (tes pensées).

Observe comment ton état intérieur (ton champ) se répercute sur l'extérieur sans que tu aies forcément besoin de mener des actions ou de prononcer des paroles. Surveille aussi comment ton état peut se modifier sans raison apparente, en fonction de ce qui te parvient de l'extérieur.

Alors, on apprend à manier la Force ?

DE LA PHYSIQUE *au corps physique*

Allez, respire un coup, on a fait le plus dur, on va revenir à l'échelle humaine.

Ton corps est donc un assemblage d'atomes, c'est-à-dire constitué d'énergie. L'énergie est inhérente à ce que tu es et tout en toi la produit, à la manière d'une pile – *Matrix* était plutôt réaliste, en fait. Dans ce générateur, il y a des points de production majeurs, qui se diffusent dans le système aussi bien que dans l'Univers.

LE CŒUR

Le cœur est l'organe du corps humain qui génère le champ électromagnétique le plus important.

D'après les chercheurs de l'Institut HeartMath[8], cette vibration s'étendrait entre 1,5 et 2,5 mètres autour de toi, possiblement à plus de 5 mètres, et varierait en fonction de tes émotions et de tes ressentis. Ce qui implique, d'après la théorie des champs, que lorsque naît une émotion, elle se propage dans l'environnement… non sans incidence.

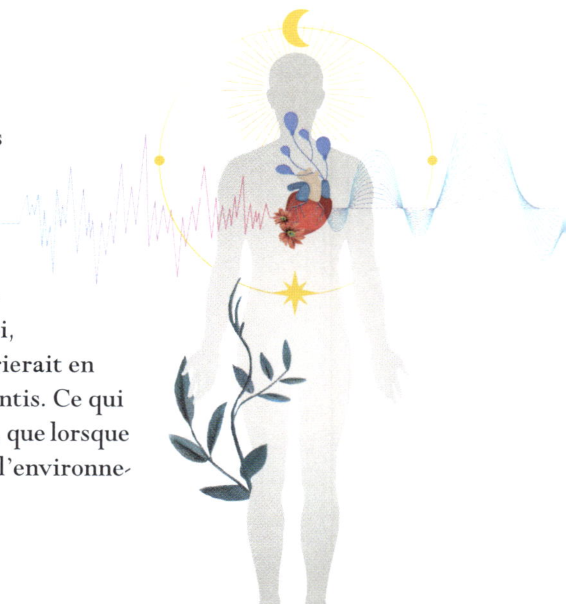

De plus, le cœur produit des signaux électriques diffusés dans le corps par la solution saline du sang et, partout où il y a un courant électrique, il y a un champ électromagnétique. Par le biais du système cardio-vasculaire, l'énergie émise par le cœur se transmet ainsi à l'ensemble du corps. Là où il y a du sang, il y a un champ. Le cœur bat environ 85 000 fois par jour, tu imagines le nombre d'impulsions électriques[9]...

Enfin, ton cœur est doté d'un « cerveau », véritable système nerveux autonome qui renferme près de 40 000 cellules neuronales[10]. En plus, donc, du courant qu'il génère et qui est transporté dans le sang, il envoie de nombreux signaux électriques pour le fonctionnement de ces neurones.

En résumé, ta charge émotionnelle, en raison de sa réalité énergétique, se distille dans ton organisme. De ce fait, tu es un générateur et surtout un créateur, car les émotions que tu cultives, tu en as la responsabilité. Même si leurs origines sont partiellement inconscientes et même si certaines sont des mécanismes de protection, tu en es l'émetteur et tu peux œuvrer à la paix de ton cœur pour générer un signal harmonieux.

LE CERVEAU

Notre deuxième grande source énergétique, qui irradie à la fois un système local (les cellules nerveuses) et l'ensemble du corps, c'est le cerveau, car il communique également par le biais d'impulsions électriques[11].

La cartographie de ton cerveau, c'est-à-dire la façon dont il est câblé, repose sur la formation de zones d'interaction entre les neurones : les synapses. Et cette configuration est relative à ton éducation, à ton expérience, à tes perceptions ainsi qu'à ta mémoire. Le cerveau se développe en associant toujours une donnée à une tonalité affective, et le tout se « fixe » sous forme de connexions neuronales. C'est simplifié, mais c'est à peu près ça.

La structure de ton cerveau est cependant plastique. Bien loin d'être figées, les synapses sont malléables, c'est la neuroplasticité. Les connexions neuronales se renforcent en fonction de leur usage. C'est comme cela que tu passes d'une pensée à une croyance et, dans certains cas, d'un possible à une limite. Ces voies peuvent instaurer des blocages en fonction de ce à quoi elles sont associées.

Mais toutes les pensées et les croyances que tu émets sont de l'énergie, ce sont au départ des signaux électriques. La façon dont tu agiras sur ta force mentale déterminera la nature du champ que tu propageras. Tu as la responsabilité de ce champ par les pensées que tu entretiens et par les croyances que tu mets à l'œuvre, car il aura un impact sur le champ voisin. Ainsi, ton mental est une énergie de création. On parle souvent du « pouvoir de l'intention » ou de la « pensée comme créatrice », eh bien, là encore, science et philosophie peuvent se rejoindre.

C'est fatigant, non ? Sans rire, ce qui est vraiment excitant, c'est que tu es l'auteur aussi bien de l'énergie du cœur que de celle du mental, ce qui suggère que tu es le seul à pouvoir exercer dessus un pouvoir. L'énergie n'est pas quelque chose de distinct de toi, elle est ton bien le plus précieux et le plus puissant vecteur de création à ta disposition.

LE CORPS

Enfin, ton corps, ta réalité physique la plus tangible, est lui aussi une source d'énergie. Comme nous venons de le voir, les systèmes cardio-vasculaire et nerveux sont des voies capitales de production et de propagation d'énergie de la tête aux pieds, mais pas que...

Ton corps est une machine à métaboliser, soit à transformer des éléments extérieurs en énergie.

Tout mouvement dégage de l'énergie thermique. Même au repos, ton corps libère l'équivalent de 100 watts, soit une ampoule[12]. Tu es vraiment une pile !

L'effort physique génère également une énergie cinétique qui sera stockée et transmise dans tout l'organisme grâce aux fascias (ces membranes qui enveloppent les structures corporelles et raccordent les éléments anatomiques), qui convertissent la force musculaire en mouvement[13]. Mais ils ont bien d'autres propriétés... Parles-en à ton ostéo !

Notre corps n'est pas une simple machine à produire ou à consommer de l'énergie, il capte, transforme et interprète aussi toutes les vibrations issues du milieu environnant. Ainsi, nos yeux parviennent à créer une image sur notre rétine en traitant l'onde lumineuse. Nos oreilles convertissent les ondes sonores en sons perceptibles. Le système sensoriel transforme les signaux émanant des organes de perception en un signal nerveux que le cerveau est capable de décoder.

Le corps est de plus en lui-même une vibration. Chacune de tes cellules contient dans sa membrane des cristaux liquides qui produisent, sous l'effet de la pression, un effet piézo-électrique[14] – encore de l'électricité, donc encore un champ. Tout en toi n'est que champs, fréquences et énergie. Je te le dis, c'est ta nature !

De nombreux scientifiques, comme Georges Lakhovsky ou même Nikola Tesla, Robert O'Becker et Royal Raymond Rife, ont démontré que toute cellule, selon sa nature, émet une fréquence de résonance qui lui est propre et qui se modifie lorsque la cellule entre en état de dysfonction[15].

D'autres chercheurs ont montré que le corps vibrait. C'est le cas du Dr Otto Warburg, qui a reçu le prix Nobel pour avoir découvert que les cellules humaines sont dotées d'une tension électrique, donc d'une énergie…

Pour certains, la maladie serait d'abord énergétique avant d'être physique. La cellule dont le métabolisme est altéré ne serait plus calée sur la bonne résonance, et la pathologie apparaîtrait.

Il y a plusieurs façons de restaurer un potentiel sain. Les études menées par ces chercheurs ont permis d'identifier la fréquence des organes, du corps et, plus récemment, des aliments ou des huiles essentielles. Puisque tout repose sur l'énergie, est-il inconcevable qu'un aliment soit salutaire ou qu'une huile essentielle puisse avoir des vertus, ou la main d'une personne entraînée ? Rappelons-nous que des méditants aguerris parviennent à modérer le taux de violence dans la zone où ils méditent… Pourquoi les fréquences de la nourriture, des plantes et des hommes ne pourraient-elles pas être mélioratives ?

Bien entendu, l'exploration de ces voies alternatives sur le chemin de la guérison n'exclut en aucun cas la médecine conventionnelle. Elles sont de plus en plus étudiées et documentées (en tout cas, à l'étranger) et cela permettra probablement qu'un jour nous puissions mettre en œuvre des traitements holistiques réunissant tous les aspects de l'être.

Pratique

Pour ton information, voici quelques exemples de fréquences du corps, d'aliments et d'huiles essentielles :

Le corps entier sain vibre à 62-68 Hz	Le pancréas vibre à 60-80 Hz
Le cerveau a une fréquence de 70-78 Hz	L'estomac vibre à 58-65 Hz
Le cœur vibre à 67-70 Hz	Les poumons vibrent à 58-65 Hz
Le foie vibre à 55-60 Hz	La mort intervient à moins de 20 Hz

Aliments	**Huiles essentielles**
Légumes verts : 70-90 Hz	Camomille allemande : 108-138 Hz
Amandes : 40-50 Hz	Hélichryse italienne : 181-192 Hz
Fast-food : 3-5 Hz	Lavande vraie : 118-150 Hz
Conserves : 0 Hz	Rose de Damas : 300-350 Hz

Dans la mesure où ton énergie est inhérente à ce que tu es dans ton corps, ton cœur et ton esprit, il te faut en premier lieu prendre soin de ces sources.

Le corps

L'une des clés de ton bien-être énergétique sera de veiller à optimiser les facteurs qui influent sur le niveau d'énergie de ton organisme – soit ton environnement, ton alimentation, ton hydratation, l'air que tu respires et l'activité physique que tu pratiques –, car ce sont eux qui maintiennent son bon fonctionnement et sa bonne santé.

Prends le temps d'observer ton alimentation, ton sommeil et ton activité physique. De combien d'heures de sommeil as-tu besoin pour être en forme ? Quel type d'alimentation devrais-tu privilégier, en matière de nature d'aliments et de rythme des prises alimentaires ? Où en es-tu de ton activité physique ?... Nulle utilité d'aller voir un énergéticien pour te recharger si tu ne ménages pas ces sources premières, c'est comme prendre du Gaviscon et manger du piment…

D'autre part, ton corps capte l'énergie environnante. Aie donc soin de régulièrement te ressourcer dans des environnements sains, c'est tout aussi essentiel que de bien t'alimenter. Pour les citadins, ce n'est pas évident ; pourtant, c'est indispensable.

Le cœur

Lorsque tu sens que ta vitalité n'est pas au beau fixe, demande-toi ce que tu ressens, ce que tu nourris comme émotions : sont-elles dynamisantes, plombantes ? Es-tu en train d'accueillir ou de refouler ? Tu ne peux pas espérer cultiver un bon niveau d'énergie si tu es toujours en colère ou si tu passes ton temps à te retenir, c'est épuisant. Prends l'habitude de questionner et de laisser s'exprimer ce qui se manifeste dans ta sphère émotionnelle, elle est une source importante qu'il ne faut pas négliger.

L'esprit

Enfin, puisque ton mental est également un créateur et un consommateur d'énergie, je t'invite à un petit temps de réflexion et d'exploration.

Entretenir des pensées en boucle est extrêmement énergivore. Là encore, dès que tu te sens à plat, commence par te demander ce qui a pompé ton tonus, combien de temps tu as ruminé.

Apprends à te préoccuper de ce qui te concerne et à laisser aller ce qui ne t'appartient pas. Chaque pensée est liée à une émotion, aussi, tâche de faire preuve d'honnêteté. Souvent, ce qui tourne dans ton esprit n'est pas tant une pensée que la charge affective que tu n'as pas écoutée.

Ce que tu ingères, respires, penses et ressens, c'est ton énergie, et celle-ci s'alimente, alors protège-la. Et pour cela, prends soin de toi, tout simplement.

DE LA RÉALITÉ UNIVERSELLE *à la réalité personnelle*

C'est donc maintenant clair, tu es à la fois un créateur et un récepteur d'énergie : elle fait partie de toi, tu la génères, tu la consommes et elle te fait interagir avec ton environnement. À ce stade, déjà, deux ou trois choses ont normalement dû se modifier dans ta perception du monde et de ton petit toi. Mais attends, ce n'est pas tout à fait fini.

L'énergie n'est pas seulement un vecteur de création, elle circule en toi sous l'effet de tes émotions et de tes pensées, elle est relative à ton état d'être et a un impact sur ton corps. Elle est le reflet de ton intériorité dans la matière. Énergie émotionnelle et énergie psychique participent ainsi à la qualité de ton énergie physique, conditionnant le générateur que tu es.

En cela, elle est aussi un vecteur de création de ta réalité, elle est une voie d'attraction.

Je m'explique…

L'ÉNERGIE, STRUCTURE DE L'ÊTRE

L'énergie qui se meut en toi est le résultat tout autant du fonctionnement de ton organisme que de ce que tu produis comme émotions et comme pensées. Elle circule selon diverses voies : le système nerveux, le système cardio-vasculaire, les fascias, etc. Les informations émises par le cœur (ta vie émotionnelle) ou par le cerveau (ta vie psychique), conscientes et inconscientes, doivent se diffuser harmonieusement. Dans le cas où certaines de ces informations ne peuvent être traitées en cohérence avec le cœur et l'esprit, elles sont envoyées dans le corps qui, bien souvent, ne les traitera pas mieux que la psyché et les traduira sous forme de tensions, voire de blocages. C'est la somatisation, un obstacle à la circulation de l'énergie, l'origine psycho-émotionnelle de la maladie.

Mais l'énergie qui t'habite est aussi relative à ton rapport à ton environnement. Les stimuli extérieurs que tu perçois, de la lumière à ta relation à autrui, vont produire des réactions physiologiques, émotionnelles et des pensées. Le corps, en recevant ces charges énergétiques, va privilégier certaines réactions. Dès l'instant où ces réponses sont répétées, elles vont s'ancrer profondément dans les tissus, et modifier la circulation des énergies thermodynamique (la contraction musculaire), cinétique (le mouvement ou les articulations) et électrique (générée par les signaux cardiaques et cérébraux).

Par exemple, lorsque face à autrui tu ressens de la crainte, ton corps adopte une posture de défense. Si l'impact émotionnel est assez fort pour créer un traumatisme ou si la situation est réitérée, cette réaction se gravera en toi pour devenir un réflexe (inconscient) dans tout contexte que tu jugeras analogue. Dans un cas extrême, tu conserveras de façon constante cet automatisme, sans pouvoir revenir à la « normale » et fournir une réponse adéquate…

Ainsi, la circulation de l'énergie dans ton corps, qu'elle soit cahoteuse ou harmonieuse, se répercute sur ton état d'être, tant au niveau tissulaire que sur les plans organique, postural, émotionnel et psychique.

Les entraves à la diffusion de l'énergie peuvent être levées par un traitement global du corps, du système énergétique, de la sphère émotionnelle et de la structure de la pensée, comme le proposent diverses approches telles que les analyses bioénergétique et psychosomatique ou les accompagnements holistiques.

Bien entendu, lorsque l'impact atteint les organes, la structure ostéo-articulaire ou tout autre domaine affectant ton état de santé, tu ne saurais te passer des techniques conventionnelles.

LE PRINCIPE DE RÉSONANCE

En physique, le principe de résonance implique deux phénomènes : l'attraction et l'harmonisation.

Pour comprendre, utilisons l'exemple de la musique. Prenons deux guitares accordées, posées l'une à côté de l'autre. Si je fais vibrer la corde de *la* sur l'un des instruments, la même corde se mettra à vibrer toute seule sur le second. La longueur d'onde produite par la première corde se propage dans l'air jusqu'à son homologue qui se met en mouvement, puisque c'est sa vibration propre. Les vibrations analogues entrent en relation et se mettent en mouvement mutuellement : c'est le principe de résonance.

Ainsi, lorsque tu vibres une fréquence donnée, tu actives les fréquences équivalentes et tu les mets en mouvement dans ta réalité. On attribue communément ce phénomène à la loi de l'attraction, mais ce n'est pas tout à fait exact : tu n'attires pas à toi à proprement parler, tu t'harmonises, tu te branches sur une fréquence identique. Comme si tout était déjà là et que, selon la fréquence que tu émets, tu « rendais visible » ce qui lui est semblable.

Les vibrations restent mutuellement actives (en harmonie) tant qu'elles sont stimulées. Reprenons nos guitares : la seconde corde vibrera tant que la première vibrera. Lorsque la première corde sera revenue au repos, il faudra un délai pour que sa dernière onde parvienne à la seconde corde et que celle-ci finisse de la répercuter, mais cette seconde corde s'arrêtera aussi après un laps de temps. De la même manière, un délai sera nécessaire pour que la première onde de la première corde active la seconde corde, exactement comme il existe un temps de création entre ton intention et sa conséquence dans la matière...

Extrapole maintenant à ta vie et à la trinité corps-cœur-esprit dont tu es constitué. Dans ta vie mentale comme dans ta vie émotionnelle, tout n'est pas conscient, ou du moins pas accepté ou reconnu. Ainsi, tu crois vibrer un signal, alors que c'est un autre qui s'active. Tout ce que tu vibres, tu le mets en mouvement dans ton environnement et cela te devient perceptible, car c'est en harmonie avec ce que tu diffuses. Lorsque cela te paraît contraire à ce qu'il te semble émettre, c'est que tu ne vibres pas en cohérence.

Prenons de nouveau un exemple, le plus simple est souvent l'abondance. Tu émets consciemment l'intention d'attirer à toi la richesse, mais dans le même temps, tu émets de la peur pour diverses raisons inconscientes (crainte de réussir, de trahir des croyances familiales...). Bref, le signal que tu projettes est incohérent, et la richesse ne te parvient pas. La fréquence diffusée n'étant pas claire, elle ne peut rien mettre en mouvement.

Agir avec la loi de l'attraction implique donc que tu réalises un profond travail sur toi pour te mettre au diapason du cœur et de l'esprit autant que du corps et des actions que tu entreprends, et ainsi être en mesure de générer le signal nécessaire à la propagation des bonnes fréquences dans le réel. Il te faudra aussi maintenir ce signal, c'est-à-dire t'assurer de toujours être bien aligné. De cette manière, à partir d'un principe universel, tu créeras ta réalité personnelle.

Combinons la théorie des champs et le principe de résonance, soit le fait, d'une part, que tout ce qui vibre génère un champ en interaction avec l'environnement et, d'autre part, que les fréquences comparables s'harmonisent et s'activent mutuellement. Se pourrait-il que des pensées analogues s'agrègent et se stimulent, formant alors un égrégore, un inconscient collectif ?...

Cela pourrait-il également expliquer la théorie du centième singe de Ken Keyes[16] ? Selon ce modèle, si un primate d'une espèce, sur un territoire donné, répète suffisamment un nouveau comportement, celui-ci se propage dans tout le clan. Puis, au-delà d'un nombre critique d'individus ayant adopté ce même comportement, c'est l'ensemble de l'espèce, sans distinction de limites géographiques, qui y a recours. Ainsi, un comportement apparu au Japon pourrait s'étendre jusqu'au sud de l'Afrique par la conjonction des champs et du principe de résonance...

Pratique

Là, ça va te plaire, parce qu'on va tester ton pouvoir de création.

Centre-toi, le temps d'une soirée, sur ce que tu aimerais voir se créer dans ta vie et sur les actions que tu pourrais mener.

Dans un premier temps, focalise juste ton attention et mène des actions. Et puis vois ce que ça donne pendant quelques jours.

Au bout de cet intervalle, reprends le temps de te poser et explore l'état de cohérence du signal que tu émets. Si ce que tu visais s'est concrétisé, tu n'auras alors qu'à constater que tu es cohérent. Si en revanche rien n'a abouti, questionne ce que tu ressens et ce que tu penses à ce sujet et, après avoir fait un travail de mise en cohérence intérieure, réévalue tes actions avant de les mener. De nouveau, observe le résultat. Tu verras que, pour créer à l'extérieur, il faut d'abord créer à l'intérieur de soi.

C'est un travail profond et sincère, ne le prends pas à la légère. Ton pouvoir de création est immense, à condition que tu sois aligné. N'oublie pas que les choses prennent du temps pour se créer dans la matière, un délai est donc souvent nécessaire. Profites-en pour cultiver ton alignement et reste en tension vers ton but.

En résumé

- Tu es formé d'atomes, eux-mêmes composés de différentes particules qui tiennent assemblées sous l'effet de forces et génèrent un champ électromagnétique, soit de l'énergie. S'il y a matière, il y a énergie

- La nature de l'atome est l'équilibre. Il renferme autant de positif que de négatif, exactement comme le yin complète le yang.

- Les particules dont tu es fait sont des sommes de probabilités. Elles se comportent comme de l'énergie (des ondes) ou comme de la matière (des corpuscules) en fonction de l'environnement dans lequel elles se situent, c'est-à-dire en fonction de l'information qui leur est transmise et qui constituera la trinité énergie-information-matière. En conséquence, l'information que tu émets, qu'elle soit physique, psychique ou émotionnelle, est créatrice de ta réalité.

- Les particules qui composent l'Univers et ton corps sont reliées par le phénomène d'intrication quantique. Il subsiste, entre chaque élément ayant été lié, une connexion qui véhicule l'information et forme le vaste champ énergétique et informatif dans lequel nous évoluons. Nous sommes tous en relation avec tout.

- Tout ce qui est matière vibre et émet un champ d'énergie. Tous les champs communiquent, ce qui implique que toute modification dans l'un des champs se répercute dans le champ avoisinant, de façon à maintenir l'équilibre global. Tout ce que tu émets dans le corps, le cœur et l'esprit a un impact sur ton environnement.

En résumé

★ Chaque battement de ton cœur est un signal électrique qui se diffuse dans ton organisme par le système cardio-vasculaire. Ton cœur émet un champ électromagnétique qui se propage à plus de 2,5 mètres autour de toi. Tout ce que tu ressens d'émotions est transmis à ton entourage par vibrations.

★ Chacune de tes pensées est un signal électrique dans le cerveau, dont les plus répétées deviendront des croyances. Le signal émis par le cortex se diffuse lui aussi dans le corps, par le système nerveux. Comme pour le cœur, le cerveau émet un champ d'énergie qui influe sur l'environnement et devient créatrice de ton monde.

★ Ton corps est une centrale de production d'énergie par le métabolisme, les muscles, le cœur, le cerveau… Tu es une pile.

★ Chacune de tes cellules, chacun de tes organes vibre selon une fréquence propre. La maladie résulterait d'une dissonance de cette fréquence, faisant ainsi de la pathologie un problème avant tout énergétique.

★ La circulation harmonieuse de l'énergie en toi est conditionnelle à ta bonne santé. Celle-ci peut se retrouver perturbée par des chocs émotionnels ou des schémas de pensée ancrés. La libre circulation de l'énergie relève de la cohérence entre le corps, le cœur et l'esprit.

★ Les vibrations que tu émets mettent en mouvement des fréquences analogues. Ainsi, tu peux créer dans ta vie ce qui est corrélé à ta vibration.

L'énergie, loin d'être réservée aux sphères himalayennes, est bel et bien une réalité, certes intangible et invisible, mais qui, pour autant, définit chaque parcelle de ton être : elle est le produit de ton hygiène de vie, de ton interaction avec ton environnement, des émotions et des pensées que tu privilégies. Tu la génères, tu la reçois, tu la traites, tu la propages. Et c'est bien parce qu'elle est inhérente à ce que tu es que tu en es le seul garant.

Ta nature vibratoire fait de toi l'initiateur de ce que tu vis et, en cela, elle ouvre grand le champ de tes possibles. Quel que soit ce que tu entreprends, ce que tu penses ou ce que tu ressens, tes décisions ont un impact sur le monde. Loin d'être une petite goutte, tu es relié à l'océan et chacun de tes choix a une résonance.

Travailler avec ton énergie, c'est donc travailler à ton corps, à ton cœur et à ton esprit, car elle est ton reflet ! Cela peut te paraître effrayant, dans la mesure où ta responsabilité est seule en jeu, hors de toute cause extérieure. Mais tu as l'habileté à apporter une réponse à chacun de tes états et le pouvoir de modifier ce qui t'entoure juste par tes choix. Tu es une part du système, une des lignes du code ; cette prise de conscience peut faire de toi un hackeur global, car tu sèmes simplement en étant.

Choisis ce que tu veux semer, prends-en la responsabilité, et tu le verras naître.

HACK

Apprendre : le code, le langage

Tu sais que tu es énergie et que ta nature vibratoire te confère un pouvoir bien plus grand que celui que tu concevais. Ce qui est étonnant, à la faveur des ponts que l'on jette entre les disciplines, c'est de s'apercevoir que tout s'alimente.

Les traditions spirituelles ne valent pas mieux ni moins que la science. Elles adoptent un point de vue et une terminologie différents, mais elles se complètent. La notion d'énergétique est présente depuis cinq mille ans en Inde, où l'on parle de *prana* ; en Chine, on explorait déjà la nature du Qi trois mille ans avant notre ère ; la Kabbale transmet depuis environ six cents ans avant notre ère une énergie appelée « lumière astrale » et, plus proches de nous, les sciences ont développé les concepts de « champ » et de « force ».

Comme tout paramètre de l'Univers, l'énergie s'articule autour d'un système. Je te propose de prospecter à l'échelle locale : toi-même, ton corps. Hacker ton énergie revient à comprendre le système qu'elle produit et dont elle est issue, et à en prendre soin. Tu le conçois déjà, quand bien même une part de cette énergie provient de l'environnement, elle circule en toi selon une mécanique dont il t'appartient d'entretenir les rouages pour l'optimiser.

Rassure-toi, on ne va pas décoller droit sur Katmandou, je vais t'apporter ces éclairages orientaux d'une façon audible pour l'Occidental que tu es.

DU CORPS PHYSIQUE

aux corps énergétiques

Ton corps physique n'est pas simplement une réalité anatomique, il est aussi une instance vibratoire qui, comme une onde, se propage bien au-delà des limites du tangible.

L'organisme dans son ensemble ainsi que le cœur et l'esprit sont nos générateurs énergétiques principaux, chacun à l'origine d'un champ particulier. Comme les fréquences de même catégorie s'attirent, tu peux concevoir que ces trois types de vibrations se regroupent en couches successives, de la plus dense à la plus subtile.

Et voilà comment tu passes de la réalité physique et vibratoire de ton humanité à celle des corps énergétiques provenant des traditions spirituelles indiennes.

En Inde, on considère que l'homme ne se borne pas à son enveloppe charnelle, mais que tout en lui vibre et qu'il est entouré de ces corps énergétiques, reflets de son état d'être.

Comme nous l'avons vu dans la section précédente, tout ce que tu ressens, tout ce que tu penses, par sa réalité vibratoire, génère un champ connecté à ton environnement. Puisque tu es l'initiateur de ces champs, tu en as la responsabilité, autant pour toi-même que pour autrui. Ainsi, tu es aussi un créateur, car ce que tu vibres active les vibrations analogues dans ton milieu. La fatigue, la peur ou les limitations mentales, tout se retrouve dans tes enveloppes vibratoires et entre en interaction avec le reste de l'Univers.

Les corps énergétiques ne sont pas juxtaposés à la manière de strates. Ils s'interpénètrent pour constituer ce que l'on appelle l'« aura » (même si, plus communément, elle est associée au « corps émotionnel »), un territoire invisible qui peut être envisagé comme la résultante vibratoire de ton corps, de ton cœur et de ton esprit.

L'hindouisme théorise sept corps énergétiques, chacun en lien avec un centre énergétique, dit *chakra* , que nous explorerons plus bas. Pour plus de clarté cependant, nous nous en tiendrons aux principaux, et surtout à ceux que tu peux le plus facilement réharmoniser[17].

LE CORPS ÉTHÉRIQUE

Son nom vient du mot *éther*, cet état entre l'énergie et la matière. Il est le prolongement de la vibration de chacune des composantes de ton corps physique. Tu as un foie vibratoire, ainsi qu'un cœur énergétique ou des poumons subtils. C'est sur cette enveloppe que travaillent la plupart des énergéticiens et que certains procèdent aux chirurgies astrales.

Ce champ électromagnétique du corps physique a pu être observé sur une plaque photographique par le procédé créé par Semyon Kirlian.

Le corps éthérique entoure le corps physique à la manière d'une fourrure. Considérés généralement comme indissociables, tous deux forment ton plan physique. Le corps éthérique s'étend sur 5 à 15 centimètres autour de toi et disparaît après la mort, en même temps que la matière dont il est le produit. Support des chakras et du système énergétique physique, il est plus précisément en lien avec le chakra sacré, tandis que le corps physique, lui, est en lien avec le centre racine.

LE CORPS ÉMOTIONNEL

Il est aussi appelé « corps astral » et son diamètre est compris entre 1,5 et 4,5 mètres. Il correspond au champ électromagnétique émis par ton cœur. Le corps astral est le plan de l'être le plus en relation avec la vie émotionnelle, la sensibilité ; sa densité et son étendue varient en fonction de nos ressentis. Les déséquilibres, les blocages, les émotions s'y retrouvent comme des grains de sable dans les rouages. C'est sur ce territoire que les émotions se cristalliseront avant de se diffuser. Tu vibres également tout ce que tu refoules, ce n'est pas parce que tu anesthésies un sentiment qu'il ne se distille pas dans ton entourage…

Dans le système énergétique interne, le corps astral est relié au chakra du plexus solaire.

LE CORPS MENTAL

Cette enveloppe, qui peut atteindre plusieurs mètres de diamètre, correspond au champ électromagnétique de ton cerveau. Écho de ta vie psychique consciente et inconsciente, de tes idées et de la structure de ton mental, elle traduit en quelque sorte ton mode de câblage. On y retrouve donc tout ce qui est de l'ordre des formes-pensées (les pensées que tu rumines tellement qu'elles en deviennent palpables). C'est dans ce plan que transparaît ta personnalité, avec tous ses ressorts, ce qui ouvre, mais aussi ce qui limite (notamment certaines croyances)…

Dans le système énergétique interne, le corps mental est relié au chakra du cœur.

Le corps émotionnel et le corps mental constituent ton plan psychique.

LE CORPS SPIRITUEL

On place sous cette dénomination trois enveloppes pour lesquelles le travail à mener demande beaucoup d'entraînement : le corps causal en lien avec le chakra laryngé, le corps bouddhique en lien avec le chakra du troisième œil et le corps atmique en lien avec le chakra coronal. Les dimensions du corps spirituel sont extrêmement variables en fonction de ta vie spirituelle et de ta conscience de la réalité non ordinaire. Il est en relation avec la composante subtile de l'être, l'âme, la conscience supérieure, le soi divin, l'intuition, peu importe le nom que tu lui donnes. C'est cette part de toi qui est intangible, mais omnisciente. Son développement est intimement lié à l'« ouverture » du chakra coronal et te connecte à ton plan spirituel.

L'ensemble de tes corps énergétiques, c'est ce champ qui te maintient en interaction avec le monde. C'est de toi qu'émanent ces vibrations ; c'est toi qui exerces une action imperceptible autour de toi, qui arroses ton voisin lorsque la colère te submerge, qui disperses des pensées toxiques quand tu les alimentes. Ta responsabilité dans ce processus est pleine et entière. C'est pourquoi travailler vers toi-même, aiguiser ta conscience et demeurer vigilant à la qualité de ton énergie sont essentiels à ton bien-être, mais aussi à celui des personnes que tu côtoies.

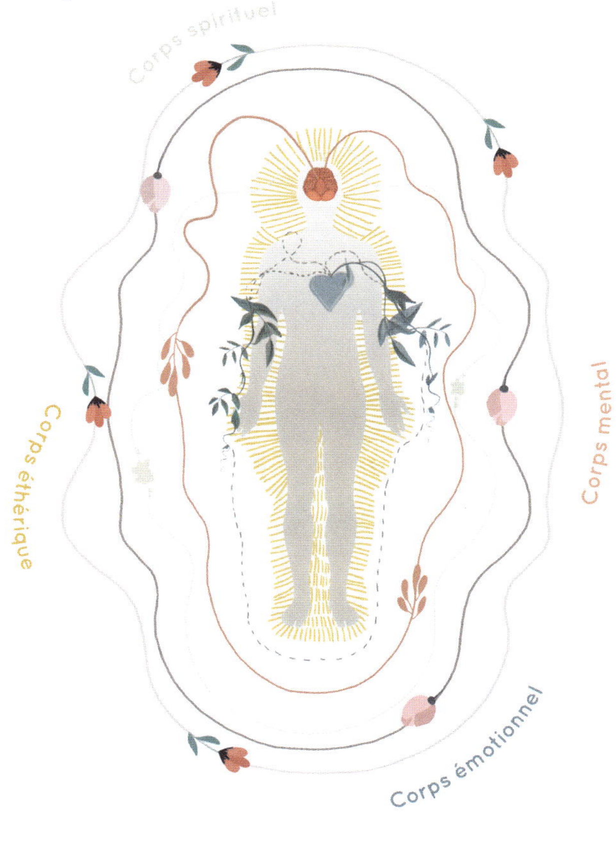

Pratique

Je te propose, pour cette pratique, de te guider dans un petit exercice de ressenti en deux temps. Tu verras qu'il est assez facile de percevoir ton enveloppe vibratoire la plus proche : le corps éthérique. Il s'agira tout d'abord de sentir ce rayonnement subtil, puis d'explorer ses variations en fonction de l'environnement, avec ton téléphone portable par exemple, ou encore à l'aide de pierres. Installe-toi confortablement et scanne le code.

LE SYSTÈME ÉNERGÉTIQUE *du corps*

Notre système énergétique corporel est assez vaste et, selon que l'on se place en Inde ou en Chine, on ne le décomposera pas de la même façon. On y articulera soit des centres énergétiques – les chakras – soit des canaux – les méridiens.

EN INDE : LE SYSTÈME DES CHAKRAS[18]

Pour les traditions hindouistes, l'homme est le support d'un système énergétique subtil fait de grands centres collecteurs et diffuseurs : les chakras. Communément, on parle de sept chakras principaux, répartis le long de la colonne vertébrale. Ils sont le point de connexion de plusieurs nadis, les canaux qui se dispersent dans le corps pour distribuer l'énergie. En plus des sept chakras majeurs, il existe des centres mineurs et d'autres internes et externes.

LES CHAKRAS MAJEURS

Le système des chakras remonte à 4 000 ans au moins dans la tradition védique. Il repose sur l'idée selon laquelle l'être humain, au-delà de sa matière tangible, est fait d'énergie subtile. Cela, nous le savons aujourd'hui, est une évidence. Cette réalité vibratoire serait en outre le reflet de sa vie physique, psychique et émotionnelle. Cela aussi, nous l'avons exploré. Tout comme l'information circule et est traitée en toi par le cortex et le système nerveux, les sept chakras agissent comme autant de « cerveaux » qui recueillent et diffusent ton énergie subtile par le biais d'une « moelle épinière » énergétique (la *kundalini*) qui alimente des « nerfs périphériques » intangibles (les *nadis*).

Chakra, en sanskrit, veut dire « roue d'énergie ». Chaque chakra tourne et respire. Il peut être visualisé comme le tourbillon qui se crée dans le lavabo quand l'eau s'évacue vers les tuyaux. Il aspire l'énergie à l'intérieur du corps avant de la rediriger vers les nadis, et assure également sa circulation inverse. Il vibre et vit en fonction de l'environnement et des différentes sphères de l'être, selon une fréquence qui lui est propre. Il est un centre de conscience, au carrefour des structures spirituelles, physiques, énergétiques et psychiques, un point de jonction du corps, du cœur et de l'esprit.

Chacun de ces centres est le recteur d'un système physiologique sur lequel il étend son influence, chacun est relié à une glande endocrine et uni à des symboliques psycho-émotionnelles.

Chaque chakra a un pendant sur la face antérieure du corps et un autre sur sa face postérieure. L'avant du corps est en lien avec le yin et la notion de donner, alors que l'arrière est en lien avec le yang et le recevoir. Ainsi, chaque centre est doté de deux polarités qui doivent être en équilibre.

Il est amusant d'observer que l'on peut mettre en rapport les chakras, centres énergétiques de l'être, avec les réseaux de fibres nerveuses que sont les plexus nerveux, centres de traitement de l'information entre le corps et le cortex. Les uns comme les autres relient l'intérieur à l'extérieur, de même que les différents plans de l'individu. Ainsi, le système énergétique est un peu le miroir vibratoire de ton système nerveux.

On peut entendre que, puisque tout est vibration, ce qui va être corrélé à la fréquence d'un centre, de la note de musique à l'aliment, en passant par la couleur, l'huile essentielle, la posture, etc., exercera dessus un effet. Cette caractéristique offre de nombreuses voies pour travailler à l'équilibre des chakras.

La bonne santé des centres énergétiques est certes primordiale pour celle du corps et de l'esprit, mais elle en est aussi le produit. Il n'y a pas un chakra qui crée un dysfonctionnement ou un dysfonctionnement qui déséquilibre un chakra, tout est interconnecté. Prendre soin de soi par l'intermédiaire du système énergétique implique un traitement holistique intégrant la physiologie, la pensée, les émotions et l'environnement. C'est ce que nous allons à présent aborder[19].

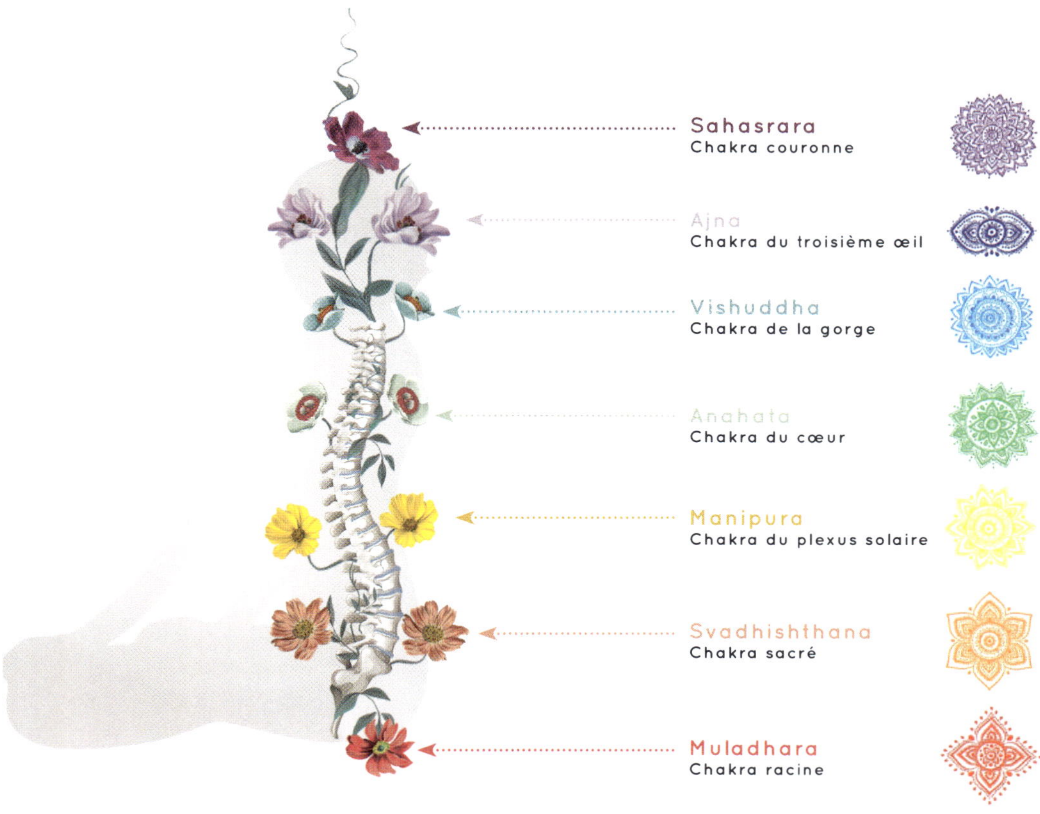

Le chakra racine (Muladhara)

CONSCIENCE MATÉRIELLE

Couleur : rouge.

Note : *do*.

Mantra : *lam*.

Symbole : lotus à 4 pétales.

Élément : terre.

Mots-clés : je suis.

Sens : odorat.

Position dans le corps : coccyx.

Glandes endocrines : glandes surrénales. Situées au-dessus des reins, elles préparent l'organisme aux comportements de survie, de combat ou de fuite, en mobilisant ses ressources. Elles te parlent de ton sentiment de sécurité intérieure et te connectent à ton pouvoir personnel.

Plexus nerveux : les plexus coccygien et pelvien.

Parties du corps physique en lien : membres inférieurs, coccyx, sacrum.

Systèmes physiologiques :

- Système squelettique : le squelette est la charpente qui assure la tenue du corps. Il protège les organes vitaux et offre la capacité de mouvement. Le squelette est tout autant ta structure fondamentale que ton armure.
- Système musculaire : les muscles permettent la mobilité du corps et le mouvement interne des organes (respiration, digestion, etc.). Ils produisent également de la chaleur et garantissent le soutien et la posture. Les muscles symbolisent la façon dont tu t'engages face à ce que tu vis et à autrui. Ils impliquent aussi ta motivation.

Corps énergétique : le centre racine est celui qui te lie le plus fermement à ta réalité matérielle, à tout ce qu'il y a de tangible en toi et dans ta vie. Il est tout naturellement en relation avec ton corps physique.

Symbolique : le chakra racine est le centre de ton incarnation, le socle des suivants. Il est le plus près du sol et tourné vers le bas, il est celui qui te relie à la Terre – symboliquement yin, féminine et en lien avec la mère –, ton amarre.

Il représente ton rapport à la matière, qu'il s'agisse de ton corps ou de ta façon de gérer ta vie concrète (argent, travail, administratif, lieu de vie…). C'est en lui que se joue ton sentiment de sécurité matérielle.

Il est logiquement en corrélation avec tout ce qui te place dans le tangible. Il est ta conscience physique et ton ancrage en toi-même et dans la vie. Il traduit ta force de vie, ta capacité de survie, ta stabilité et ta confiance.

Bien sûr, on entend dans le centre *racine* ta relation à tes ancêtres, à tes origines. Tu as deux jambes, c'est-à-dire deux lignées : la droite pour le père, la gauche pour la mère.

De plus, comme pour un arbre, ces racines s'étendent sur un certain périmètre. On retrouve donc aussi, associées à ce chakra, la notion de territoire et la façon dont tu y exerces ton pouvoir. Autant que le thème de ton lieu de vie, l'endroit où tu choisis de plonger tes racines.

Si tu n'acceptes pas ton incarnation et ta vie tangible afin de laisser ton âme s'y exprimer, tu ne pourras exister ailleurs. Même s'il apparaît moins sexy et attrayant que le troisième œil, le chakra racine se révèle souvent le plus délicat à travailler. Dans un monde où l'esprit est roi, lui te ramène à la simplicité de ce qui est, purement et simplement.

Chakra en santé : lorsque le chakra racine est en équilibre, tu éprouves un sentiment de confiance et de sécurité, ta relation à ta mère et à tes ancêtres est harmonieuse, ton rapport à ta vie matérielle est sain.

Émotion limitante : la peur.

Huiles essentielles : cannelle, coriandre, gingembre.

Cristaux : obsidienne noire, jaspe rouge, œil-de-faucon, quartz fumé, hématite.

Pratique :

Pour cette pratique comme pour les suivantes sur les chakras, je te propose une méditation guidée d'activation et de libération. Reporte-toi à la fin de cette section pour trouver les codes et appliquer des pratiques plus globales, en fonction de tes besoins.

Mudra[20]

Le chakra sacré (*Svadhisthana*)

CONSCIENCE ÉMOTIONNELLE

Couleur : orange.

Note : *ré*.

Mantra : *vam*.

Symbole : lotus à 6 pétales.

Élément : eau.

Mots-clés : je ressens.

Sens : goût.

Position dans le corps : pubis.

Glandes endocrines : gonades (ovaires chez la femme, testicules chez l'homme). Les gonades permettent le développement des organes génitaux et des caractéristiques sexuelles mâles ou femelles. Elles sont corrélées à la façon dont tu vis et dont tu t'affirmes dans ton féminin ou ton masculin, ainsi qu'à tes facultés créatives.

Plexus nerveux : les plexus hypogastriques et sacré.

Parties du corps physique en lien : vertèbres lombaires inférieures, bas-ventre.

Systèmes physiologiques :

- Système reproducteur : les organes associés à la reproduction féminine permettent de créer les conditions pour accueillir l'embryon et faire croître la vie. Chez l'homme, le système reproducteur assure la production d'hormones, la formation des gamètes et la diffusion de ceux-ci lors de la pénétration. Le système reproducteur détermine ton genre. Mais tu ne te limites pas à cela. On y perçoit aussi ton rapport à ton féminin ou à ton masculin, ta capacité à accepter ces dimensions et ta dualité, autant que ta faculté d'accueil de l'autre.

- Système urinaire : il est le système d'élimination du corps, qui prévient toute intoxication de l'organisme. Les reins nous indiquent notre résistance au changement. C'est en eux que se cristallisent le passé, la mémoire transgénérationnelle. La vessie symbolise notre difficulté à évacuer, à nous détourner de ce qui est nocif, au risque d'en pâtir.

Corps énergétique : le centre sacré est celui de la mise en mouvement de la matière. Il est relié au corps éthérique, mouvement subtil du corps physique.

Symbolique : le chakra sacré est le siège de l'énergie vitale, du prana, il est l'élan de vie, le premier grand lac d'énergie. On l'appelle aussi *hara* ou *dan tian*.

Il représente ta capacité de création, la ressource du mouvement. C'est par lui que tu accueilles la vie et que tu agis.

Chez la femme, il est en lien avec la maternité, et la gestation de toutes choses. Il traduit la façon dont tu laisses croître en toi ce qui demande à émerger, dans la contrainte ou la fluidité.

Il questionne également la justesse de ta place dans l'incarnation, mais aussi toutes les thématiques relatives au lâcher-prise, face à ce qui n'est plus nécessaire ou devenu toxique.

Le sacré est encore le centre de la confiance en tes ressources. On y trouve aussi la notion de plaisir, celui que tu prends, que tu donnes, que tu t'accordes. Et ta relation à lui... dans tous ses vecteurs, de l'art à la nourriture, en passant par le sexe.

Précisément, le rapport que tu entretiens avec la sexualité, la puissance féminine-masculine et ta dualité y tient une grande place. Nous portons tous en nous une part du sexe opposé, la question est de savoir comment nous la laissons émerger, mais aussi comment nous accueillons le sexe opposé. Le centre sacré contient donc également une dimension relationnelle – ta relation à toi-même, à ton pouvoir créateur, à ton pouvoir sexuel, à ton pouvoir féminin ou masculin et à l'autre.

Chakra en santé : lorsque le centre est équilibré, tu as une relation saine et harmonieuse au plaisir dans la vie, ta créativité est exprimée. Tu es dans l'action juste et inspirée.

Émotion limitante : honte.

Huiles essentielles : ciste, genévrier, girofle, niaouli, ylang-ylang, bergamote.

Cristaux : cornaline, calcite orange, pierre de lune, sardonyx, agate du Botswana.

Mudra

Le chakra solaire (Manipura)

CONSCIENCE DE SOI

Couleur : jaune.

Note : *mi*.

Mantra : *ram*.

Symbole : lotus à 10 pétales.

Élément : feu.

Mots-clés : je veux.

Sens : vue.

Position dans le corps : plexus solaire.

Glande endocrine : pancréas. Le pancréas est responsable de la régulation du taux de glucose sanguin. Il nous ramène à la notion de douceur, aussi bien celle que tu t'accordes que celle que tu t'autorises (ou pas) à recevoir.

Plexus nerveux : les plexus solaire et lombaire.

Parties du corps physique en lien : plexus, ventre, vertèbres lombaires supérieures, vertèbres thoraciques inférieures.

Système physiologique :

- Système digestif : le système digestif s'étend de la bouche au rectum et permet d'ingérer les aliments, de les transformer en nutriments assimilables par l'organisme et d'évacuer les déchets pour éviter l'engorgement et l'intoxication. Il symbolise ta capacité à accueillir, à transformer et à apprendre de tes expériences, à faire le tri et à laisser aller.

Corps énergétique : le chakra solaire est le centre des émotions et de la façon dont tu les traites, il est en lien avec le corps émotionnel.

Symbolique : le chakra du plexus solaire est un centre en double teinte.

Tout d'abord, on y trouve tout ce qui a trait à l'absorption émotionnelle des événements et à ton positionnement face à l'extérieur et aux expériences : la façon dont tu (di)gères ce qui te parvient, dont tu le laisses circuler, dont tu t'en imprègnes et dont tu t'en nourris. Il te connecte à ta capacité à transcender ce qui arrive. Il symbolise aussi ta faculté de lâcher prise ou ta tendance à la rétention. Accueillir, se nourrir et puis laisser aller.

En outre, il abrite toute la question de l'affirmation de soi. En effet, dans le processus de digestion, il y a la capacité de définir ce qui est sain ou mauvais, d'évacuer le toxique et d'assimiler le bon.

Dans ce centre, on pose ses limites et on affirme son pouvoir personnel. C'est à cet endroit que la magie s'opère, on passe de la réalité brute au nutriment essentiel. C'est là que s'exprime la puissance, celle de transformer sous l'effet de la volonté. On dit bien « montre-moi ce que tu as dans le ventre », eh bien, c'est aussi cela qui vit dans le chakra solaire, la capacité d'agir, le libre arbitre dans un but précis à partir de l'affirmation de soi, en harmonie avec ses émotions.

On y rayonne son pouvoir, sa puissance et son identité. Il est relatif à cet éclat de l'être, à la joie de vivre et au feu de la vie. Il est le centre de l'agissement de la volonté et de l'expansion dans le monde. Dans le chakra racine, on s'incarne ; dans le sacré, on agit ; et dans le solaire, on diffuse, c'est le chakra qui nous tourne vers l'extérieur et la relation à autrui.

Chakra en santé : quand le centre solaire est en bonne santé, la vie émotionnelle est harmonieuse et il s'exprime par une capacité à accueillir de façon juste ce qui advient, sans jugement, avec simplicité et bienveillance. Un sentiment de liberté en soi et avec l'environnement agit et permet de prendre sa place en exprimant son pouvoir personnel dans l'assertivité. L'image de soi est juste et il est aisé d'être qui l'on est, en conscience de sa puissance créatrice.

Émotion limitante : culpabilité.

Huiles essentielles : carotte, palmarosa, mandarine, géranium.

Cristaux : œil-de-tigre, jaspe mokaïte, citrine.

Mudra

Le chakra du cœur (Manipura)

CONSCIENCE AFFECTIVE

Couleur : vert ou rose.

Note : *fa*.

Mantra : *yam*.

Symbole : lotus à 12 pétales.

Élément : air.

Mots-clés : j'aime.

Sens : toucher.

Position dans le corps : centre de la poitrine.

Glande endocrine : thymus. Le thymus est en lien avec le système immunitaire. Il questionne ta posture face aux agressions extérieures. Il est aussi considéré comme le siège des mémoires karmiques.

Plexus nerveux : les plexus cardiaque et pulmonaire.

Parties du corps physique en lien : thorax (du bord costal aux clavicules), vertèbres thoraciques supérieures.

Systèmes physiologiques :

- Système cardio-vasculaire : le système cardio-vasculaire permet la circulation du sang dans l'organisme. Il y distribue l'oxygène et les éléments nutritifs, et le débarrasse du gaz carbonique et des déchets. Le sang représente la vie et la recherche de la joie. Le cœur porte l'amour et la notion de donner et de recevoir.

- Système respiratoire (voies aériennes inférieures) : les poumons assurent les échanges gazeux dans l'organisme. Ils sont le lieu de l'échange intérieur-extérieur. Ils nous parlent de notre relation à notre environnement, de notre faculté de prendre notre place et de notre rapport au duo.

- Système immunitaire : le système immunitaire a la charge de préserver l'équilibre, la bonne santé et la sécurité de l'organisme. Il symbolise ta capacité à te défendre et à maintenir les limites de ton territoire face aux agressions extérieures.

Corps énergétique : alors que les trois premiers chakras sont les centres de la vie émotionnelle et les trois supérieurs, ceux de la vie mentale, le cœur est celui du sentiment, soit l'émotion que l'on conçoit. Il est en lien avec le corps mental.

Symbolique : ce foyer, primordial, agit sur des fonctions physiologiques vitales. Le chakra du cœur unit l'émotion et la pensée dans le sentiment. Il est subordonné à notre vie affective, et porte en lui la symbolique du lien et de la relation. Il est le centre de l'amour, tout autant la façon dont on s'aime soi-même que celle dont on aime autrui et dont on accepte ou pas d'être aimé. Avec le système cardio-vasculaire qui distribue l'état émotionnel dans le corps, ce chakra nous en montre l'impact en nous-mêmes et dans l'environnement par la façon dont nous nous laissons ressentir.

Il y a en lui la notion de donner et de recevoir. Il nous place face à notre relation à l'extérieur et à nos interactions. En nous liant au dehors, il nous met en symbiose avec ce qui nous entoure et questionne la justesse de nos échanges. Aimons-nous pour être aimé ou de façon inconditionnelle ? Donnons-nous pour recevoir ou par générosité ? Dans ce rapport à l'autre qu'ouvre le chakra du cœur, on entend aussi la notion de défense. Comment accueillons-nous autrui ? Comment nous protégeons-nous ?

Ce centre est vraiment celui qui nous tourne vers l'altérité et qui questionne le lien à soi et à autrui. On y entrevoit la qualité et la nature de l'attachement. Son évolution ultime est de parvenir à l'amour absolu, mais cet état de l'être ne se touche qu'à partir d'une profonde compassion et d'une capacité à pardonner, on apprend qu'il est bénéfique d'entrer en soi, de s'accorder pardon, amour et compassion, et qu'à partir de cet état d'être, on pourra offrir cela à l'autre. Être généreux avec soi, prendre soin de son humanité pour aimer inconditionnellement.

Chakra en santé : en équilibre, le chakra du cœur développe ta capacité à aimer, à accepter, à donner et à recevoir. Il te lie à toi-même et à l'autre dans l'acceptation, le pardon et la bienveillance. Son ouverture est vecteur d'amour infini, d'une profonde douceur et d'une joie immense.

Émotions limitantes : chagrin, peine.

Huiles essentielles : marjolaine, camphre, jasmin, bois de santal.

Cristaux : quartz rose, amazonite, jade polaire, aventurine, rhodochrosite, malachite.

Mudra

Le chakra laryngé (Vishuddha)

CENTRE DE COMMUNICATION

Couleur : bleu.

Note : *sol*.

Mantra : *ham*.

Symbole : lotus à 16 pétales.

Élément : éther.

Mots-clés : je communique.

Sens : ouïe.

Position dans le corps : gorge.

Glande endocrine : thyroïde. La thyroïde dirige les réflexes et le métabolisme. Elle symbolise ton aptitude à transformer les expériences, à les accueillir comme des vecteurs d'évolution.

Plexus nerveux : le plexus cervical et le plexus brachial.

Parties du corps physique en lien : gorge, cou et nuque, vertèbres cervicales, épaules, bras, mains.

Systèmes physiologiques :

- Système respiratoire (voies aériennes supérieures) : les voies aériennes supérieures permettent le passage de l'air vers les poumons, ainsi que la phonation, l'olfaction, la gustation et la déglutition. Le nez souligne ce que nous sentons et la manière dont nous laissons le souffle vital nous pénétrer. La gorge symbolise la communication, l'expression, notre capacité à dire.

- Métabolisme : le métabolisme, c'est la faculté de ton organisme d'assimiler les nutriments et de se débarrasser des déchets. Ton habileté à métaboliser représente ton aptitude à te maintenir en équilibre, à trouver l'harmonie entre accueillir et lâcher.

Corps énergétique : le chakra laryngé gouverne ta capacité à être connecté à ce qu'il y a de plus fin en toi et à le manifester. Il est corrélé au premier des corps spirituels, le corps causal.

Symbolique : le chakra de la gorge est le centre de l'expression et de la communication. En lui, tu t'exprimes, tu te montres à l'extérieur. C'est là que se joue ton rapport au paraître, il est souvent noué quand le masque social est trop lourd. Tu y fais ressortir ta vérité et la manière dont tu l'abordes. Il ne s'agit pas uniquement de dire, mais de se dire en entier, d'exposer sa vérité, la vérité de ce que l'on est.

Dans la notion d'expression, il y a ce que tu transmets au-dehors et il y a la façon dont tu te comportes au-dedans, les mots que tu emploies dans ton dialogue intérieur. Il y a donc aussi le jugement, celui que tu portes sur toi-même et sur les autres. Cela va impliquer ta capacité de remise en question, car te confronter à la vérité d'autrui aura un impact sur la tienne et te demandera de savoir accueillir. Est-ce que tu laisses ta vision être traversée ou est-ce que tu t'y accroches en tentant de l'imposer ?

Le chakra laryngé questionne la nature de tes échanges avec autrui, donc ta capacité d'écoute… Dire, c'est aussi se taire ; se dire, c'est aussi s'écouter. La communication éclaire le lien que tu as à toi-même et ta posture vis-à-vis de l'altérité. Que représente pour toi le dialogue, est-ce un moyen d'être reconnu, de te valoriser, de t'enrichir, d'apprendre ? L'état de ton chakra laryngé indiquera ta façon de dire et d'écouter, les non-dits le satureront autant que la vanité…

Enfin, le lien étroit de ce centre avec la thyroïde et le métabolisme t'amène aussi à explorer cet adage : ce qui importe n'est pas ce qui arrive, mais ce que nous en faisons – ou l'art de transcender les expériences pour les transformer en apprentissages.

Chakra en santé : lorsque le laryngé est harmonieux, il est aisé de dire et de laisser dire. L'écoute et l'expression sont en équilibre. Tu sais dire ta vérité et respecter celle de l'autre. Tu peux avoir le sentiment d'une force qui te guide et t'accompagne.

Émotions limitantes : mensonges, non-dits.

Huiles essentielles : angélique, basilic, bois de rose.

Cristaux : quartz bleu, aigue-marine, fluorine, calcédoine bleue, calcite.

Mudra

Le chakra du troisième œil (Ajna)

CENTRE DE L'INTUITION

Couleur : indigo.

Note : *la*.

Mantra : *om*.

Symbole : lotus à 96 pétales.

Élément : -

Mots-clés : je vois.

Sens : -

Position dans le corps : front.

Glande endocrine : épiphyse. L'épiphyse (ou glande pinéale) joue un rôle de régulateur des rythmes biologiques et saisonniers. Descartes la nommait le « siège de l'âme »[21]. Elle nous met en lien avec les sphères éthérées et l'inconscient, elle est le pont avec notre partie la plus subtile et la plus mystérieuse.

Plexus nerveux : les plexus choroïdes.

Parties du corps physique en lien : visage.

Système physiologique :

★ Système endocrinien : le système endocrinien contrôle les fonctions de l'organisme par l'intermédiaire d'hormones synthétisées par différentes glandes et tissus, et libérées dans le sang. Il est le messager subtil de l'organisme. Il donne le rythme et régule. Il éclaire ton degré de cohérence, ton ouverture à tout ce qu'il y a de plus magique en toi, ton aptitude à vivre les expériences comme des vecteurs d'apprentissage.

Corps énergétique : le chakra du troisième œil te connecte à la part la plus éthérée qui vive en toi, il est relié au deuxième plan spirituel, le corps bouddhique.

Symbolique : le troisième œil est le centre de l'intuition, il te maintient en interaction avec ta part la plus subtile et la plus mystérieuse. Il est la niche de ta capacité à voir et à sentir au-delà du tangible, en faisant fi des apparences. C'est là que s'activent tes facultés perceptives. Il te relie à cette clairconnaissance, c'est lui qui travaille toutes les fois où tu sais, sans comprendre pourquoi ni comment, mais tu sais.

C'est à cet endroit que tu touches ton intuition profonde, celle qui te met en rapport avec le reste de l'Univers. Il est pour certains le point de connexion de tous les canaux de perception extrasensoriels, ce qui va au-delà des cinq sens communs ; il est un sens supplémentaire, une autre façon de percevoir.

Ce centre te raccorde à cette part de toi que tu as appris à faire taire, celle qui te guide discrètement et patiemment, cette petite voix intérieure qui vient des abysses, connectée au tréfonds de ton âme, de ton cœur et de ton ventre. Il unit tout, depuis le fond de tes tripes jusqu'aux battements de ton cœur, en passant par les vagues de ton mental. Le troisième œil est celui qui sait tout et qui voit tout. Il te permettra de discerner derrière les faux-semblants, dans la densité subtile autant que dans la texture intime. Ouvrir le troisième œil, c'est s'ouvrir à une autre réalité, à la réalité non ordinaire.

C'est une connexion profonde à ton toi, à ton tout, il est ce fil d'or invisible, cette sagesse inhérente, il est vecteur de vision et de création.

Il te donne accès à une conscience immédiate des choses, il te place hors du temps, te permet de te laisser aller aux rythmes internes et externes, il t'autorise à toucher le *flow* et à t'y plonger.

Chakra en santé : quand ce centre est en équilibre et « ouvert », il t'offre une certaine lucidité, une clarté d'esprit, la conscience de ta nature spirituelle profonde. Le troisième œil en santé amène à la réalisation de soi, à la capacité de déceler les motivations au-delà des actes, à une vision globale des choses, des personnes et des situations.

Émotions limitantes : illusions, rêverie excessive.

Huiles essentielles : menthe, encens, romarin, immortelle.

Cristaux : apatite bleue, dumortiérite, lapis-lazuli, sodalite, célestine.

Mudra

Le chakra coronal (Sahasrara)

CONSCIENCE SPIRITUELLE

Couleur : violet.

Note : *si*.

Mantra : *aum*.

Symbole : lotus à 1 000 pétales.

Élément : -

Mots-clés : je sais.

Sens : -

Position dans le corps : sommet du crâne.

Glandes endocrines : hypophyse, hypothalamus. L'hypophyse est attachée à l'hypothalamus et soumise à son contrôle. Le complexe hypothalamo-hypophysaire fait le lien entre les systèmes nerveux et endocrinien. Ce complexe est un grand centre d'information, qui t'engage à évaluer ton degré de cohérence entre ta vie intérieure et ta vie extérieure.

Plexus nerveux : -

Parties du corps en lien : cerveau, moelle épinière, haut du crâne.

Système physiologique :

- système nerveux : le système nerveux, c'est le grand chef de l'information, avec le cortex comme tableau de bord et la moelle épinière comme véhicule des messages. Le cerveau questionne l'équilibre que tu permets entre le contrôle et la créativité. La moelle épinière fait le lien entre ton monde physique et la partie plus subtile de l'être.

Corps énergétique : le chakra coronal est le centre de l'ouverture de la conscience et de l'accès à l'invisible et au champ d'information de l'Univers. Il est relié au troisième plan spirituel, le corps atmique.

Symbolique : par le chakra coronal, tu ouvres ta connexion sur le monde spirituel. Associé au système nerveux, il est un lien entre la trame d'information inhérente à l'individu et la trame d'information globale. Il unit le microcosme au macrocosme. C'est là que tu accèdes à la matrice quantique. L'ouverture du chakra coronal n'est pas seulement l'ouverture de la conscience personnelle, il est la porte vers la conscience totale.

Il est un point de transcendance, tu y transmutes le réel : depuis le subtil, tu entres dans le tangible, et inversement. Il est l'endroit où l'âme agit.

Le coronal est tourné vers le ciel et le cosmos, traditionnellement de nature yang et lié au père. L'énergie cosmique s'introduit par cette voie dans ton système énergétique, comme l'énergie tellurique pénètre en toi par le chakra de base. Il te met en lien avec tout ce qu'il y a de plus grand que toi, en toi et autour de toi, avec ton essence divine, ton infini. C'est un centre difficile et très puissant, beaucoup plus attrayant que son opposé, le chakra racine, dont il est pourtant indissociable. Tu ne peux t'élever dans les sphères éthérées sans un ancrage solide.

On est souvent tenté de vouloir développer ce centre pour déployer sa spiritualité. Cependant, l'éveil ne peut être complet sans une acceptation pure de l'incarnation et de la matière. Son lien à l'équilibre cérébro-spinal le symbolise, c'est l'union du subtil et du tangible, y compris dans le corps. Bien qu'il t'ouvre à ta divinité, c'est ta matière qui est la source de l'infini de tes possibles, tout réside dans chacune de tes particules, il n'est aucune possibilité qui ne soit hors de toi. En cela, le chakra de la couronne t'amène à une acceptation profonde et humble. Il te connecte à l'essence de ton humanité. Tu n'es qu'une somme de probabilités et c'est l'harmonie, l'équilibre des centres précédents, qui permettra l'expansion de ce dernier.

Chakra en santé : en santé, ce centre te donne un sentiment de croissance totale, comme si tu pouvais voir et accéder à la matrice et au champ d'information. Il te permet de te sentir omniscient et connecté, uni en toi et autour de toi. Son ouverture sera aussi relative à une relation harmonieuse à l'autorité et au père.

Émotion limitante : attachement.

Huiles essentielles : petit grain, camomille, lavande.

Cristaux : labradorite, améthyste, magnésite, quartz rutile, sélénite.

Mudra

LES CHAKRAS MINEURS

Pour information, voici une carte des chakras dits « mineurs ». Ils sont aussi des centres énergétiques et des points de connexion de plusieurs nadis, mais ils ne sont pas reliés à des centres nerveux comme les majeurs. Il est néanmoins intéressant de les noter, car ils constituent des nœuds stratégiques pour la circulation de l'énergie et de l'information. Ce sont également des zones fréquemment douloureuses, où tu vas le plus facilement somatiser.

Les axes épaules-coudes-poignets et hanches-genoux-chevilles sont par exemple chargés symboliquement.

L'épaule est la première articulation de la ligne d'action supérieure. Elle reflète ton désir d'agir, elle met en relation la tête et le corps, le conscient et le non-conscient. Le coude, qui la suit, facilite les choix et les changements de direction. Le poignet, lui, est le faiseur, il traduit ta capacité à effectuer la distinction entre tenir bon et forcer.

La hanche dirige la ligne d'action inférieure, elle te permet de propulser tes jambes et symbolise ta disposition à aller de l'avant. Le genou est l'articulation de la relation à soi-même et à l'autre. Il te permet en outre de fléchir et d'accepter, d'être flexible et de rebondir. La cheville te permet de choisir ta direction. Elle représente ta capacité à prendre une décision et ta posture par rapport à ce choix.

Les oreilles, quant à elles, sont les centres de l'équilibre, mais aussi de ce que tu consens à entendre.

Les chakras du foie et de la rate sont également des points stratégiques.

Il ne faut donc pas négliger ces chakras secondaires, car leurs déséquilibres sont bien souvent cause de douleurs et d'inconfort.

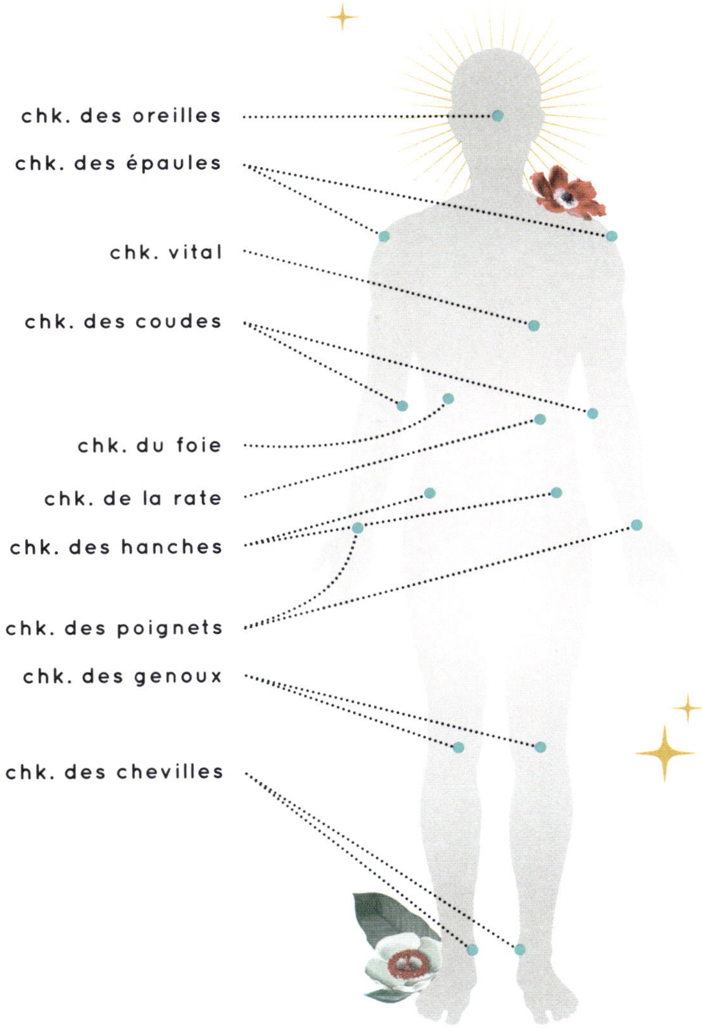

Chakras mineurs

Pratique

Tout d'abord, et parce que ça fait trop de bien pour s'en priver, je te propose une méditation globale en vue d'harmoniser l'ensemble de tes centres énergétiques. Installe-toi confortablement et scanne le code.

Si tu le souhaites, tu as aussi des méditations propres à chaque foyer. Choisis ce qui te convient.

Chakra racine | *Chakra sacré* | *Chakra solaire* | *Chakra cœur*

Chakra laryngé | *Chakra 3e œil* | *Chakra coronal* | *Global*

Chacun de tes centres est un carrefour du corps, du cœur et de l'esprit. L'état d'un chakra est absolument indissociable de ton état d'être global, il est inutile de t'acharner à tenter de les accorder si tu n'entames pas une démarche sincère et profonde vers ta trinité. Ton système énergétique ne t'est pas extérieur, il est plutôt le miroir de ce que tu es. Si tu veux être en mesure de l'équilibrer, c'est en premier lieu toi-même qu'il te faut équilibrer.

La voie prioritaire de développement de tes chakras est donc de prendre soin de toi de façon holistique. Leurs déséquilibres t'indiquent avant tout des points de défaillance dans le corps, les émotions et le mental. Ce que tu nourris dans ces différentes sphères, ce sont tes sources d'énergie, la qualité de ta vibration y est ainsi intrinsèquement liée.

Pratique

Prendre soin de ton corps

Ton organisme est associé aux deux premiers chakras : le centre racine, en lien avec le corps physique, et le centre sacré, en lien avec le corps éthérique.

Je ne te le redirai jamais assez : être vigilant à ton hygiène de vie, à ton alimentation, à ton sommeil et à ton activité physique est essentiel. Tu ne peux décemment pas espérer développer ton système énergétique si tu n'en soutiens pas la première ressource : ton corps. Il n'y a pas de magie ! Il vibre au-delà de toi et en fonction de la façon dont tu le traites. Il est tout autant un système physiologique qu'il te faut respecter et chérir (et pour cela, pas d'autre clé que de t'engager) qu'un support symbolique qu'il te faut apprendre à écouter. Je t'ai donné quelques voies d'interprétation pour chaque centre, tu peux t'y référer lorsque tu sens que ça dysfonctionne. Tu as aussi déjà exploré les besoins de ton corps en matière de sommeil, d'alimentation et d'activité, c'est la base, tu dois t'y conformer sans transiger. Si tu veux aller plus loin dans l'art d'écouter les messages de ton organisme, je t'invite à consulter *HACK ton corps*[22].

Pratique

Prendre soin de tes émotions

Ta vie émotionnelle se répercute dans les centres solaire et du cœur. Tes émotions sont à elles seules une charge énergétique qui se répand dans l'être et dans l'environnement. Elles sont des messagères de l'âme et de ta conscience, elles ont toutes une origine et une fonction. Les écouter et en tenir compte, c'est faire un pas vers l'harmonie. Elles ont un impact sur ta santé physique et psychique autant que sur ton système chakrique. Elles sont une vibration dont tu as la responsabilité. Apprends à y être attentif et à les laisser circuler. Pour cela, tu disposes d'une voie d'exploration dans les méditations propres à chaque centre. Tu peux aussi prendre l'habitude d'en tirer le fil, car chacune est la voix d'une part de toi-même qui appelle. À cette fin, tu trouveras ci-dessous un lien vers un exemple de guidage. Si tu veux aller plus loin dans la prise en charge de ta sphère émotionnelle, tu peux te procurer *HACK tes émotions*[23].

Pratique

Prendre soin de ton mental

Tes pensées s'expriment dans le chakra laryngé et se construisent dans le troisième œil. Elles sont, elles aussi, une énergie créatrice. Elles vont avoir une influence directe sur ta santé physique et ton état de paix intérieure, autant qu'elles vont participer à ce que tu attireras à toi et à définir tes possibles. Il est plus qu'utile de travailler sur ton mental si tu souhaites prendre soin de ton énergie. Attelle-toi à examiner tes pensées et tes croyances, ce sont elles qui créent tes limites comme tes potentiels. Elles font des nœuds dans ton énergie ou la soutiennent, ce sont les entraves les plus puissantes qui soient, mais également les supports de création les plus essentiels. Ton mental est véritablement une clé dans laquelle il te faut croire. Lorsque tu sens une disharmonie, commence par observer ce qui agit, pensée ou croyance. Chaque pensée est attachée à une charge émotionnelle, identifie-la et tire le fil comme ci-dessus. Les croyances, elles, ont des origines diverses : ton expérience, l'héritage familial ou sociétal. Détermine leur provenance et établis des affirmations inversées pour les apaiser. Exemple : « Je n'y arriverai pas. » Origine : mes échecs successifs. Affirmation : « Même si mes expériences passées ont été des échecs, je m'autorise à croire en mes possibles. » Le concept est : « Même si..., j'accepte ou je m'autorise, j'accueille... » Tu travailles avec cette phrase pendant plusieurs jours et tu mets en place des actions.

Tu peux aussi soulager ton esprit par la méditation ou l'écriture.

Apaiser ton mental est une voie à part entière, si tu souhaites acquérir toutes les astuces pour hacker ta sphère psychique, tourne-toi vers *HACK ton mental*[24].

Pratique

En prenant soin de ton corps, de ton cœur et de ton esprit, tu verras déjà de façon notable évoluer la qualité de ton énergie et de ta vitalité. Néanmoins, si tu veux aller encore plus loin, voici d'autres voies d'exploration. Pour entretenir tes chakras, tu peux les stimuler, les activer avec les différentes sources de fréquences qui leur correspondent.

Pour savoir quel centre travailler, observe ton corps, tes émotions, tes pensées. Utilise les fiches, afin de t'aider. Si tu sens que ton système digestif dysfonctionne, c'est le solaire ; si ton système ORL est en souffrance, plutôt le laryngé... Un conflit avec tes parents, c'est le racine ; si tu as du mal à écouter ton ressenti, le troisième œil... Sois doux et donne-toi le droit d'explorer et de te tromper.

L'utilisation des couleurs

Chaque centre vibre selon une fréquence que tu retrouves dans le spectre lumineux, chacun est associé à une couleur particulière. Tu peux donc utiliser la couleur qui correspond au centre sur lequel tu veux travailler pour l'activer, par exemple en portant un vêtement, un bijou, ou en en plaçant dans ton environnement. Le fait d'en percevoir la fréquence activera son homologue dans le

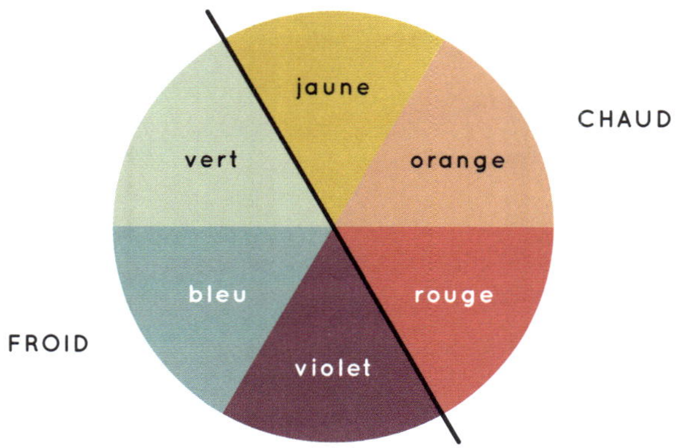

centre, par principe de résonance. Tu peux aussi prendre le temps d'une méditation par laquelle tu visualises la couleur dans la zone du corps où se situe le centre (comme nous l'avons fait dans les méditations précédentes). *A contrario*, si tu souhaites apaiser un chakra trop agissant, tu peux recourir aux couleurs complémentaires (opposées) en t'aidant du cercle chromatique. Un rouge calmera un vert, donc le vert tempérera le chakra racine.

Dans l'emploi des couleurs, pense également à ton alimentation : tu peux les mettre dans ton assiette. D'ailleurs, cela peut être un indicateur, lorsque tu as envie d'aliments orange trois jours de suite, c'est probablement ton sacré qui appelle. Utilise le même principe : une couleur pour stimuler, son opposée pour soulager.

Le son

Toujours par leur nature vibratoire, les chakras sont en lien avec des sons, des notes et des mantras particuliers. Tu peux donc opter pour cette voie, afin de stimuler tes centres – chanter les mantras, jouer les notes sur un instrument, par exemple. Les pratiques comme les bains de gong sont très efficaces. Mais à la maison, tu peux toi-même faire sonner un bol ou des cymbales tibétaines. L'art des mantras est subtil et l'effet du son, puissant. Ne t'en prive pas.

L'usage des huiles essentielles

Encore et toujours en lien avec la fréquence, comme nous l'avons vu, les huiles essentielles vibrent et entrent elles aussi en résonance avec les centres dont les vibrations sont analogues. Je t'ai mis dans les fiches quelques pistes. Avant d'employer une huile, vérifie d'abord ses propriétés, parce qu'elle n'est pas un sent-bon, mais une vraie substance active. Tu peux ensuite procéder par olfaction, en déposant quelques gouttes sur un mouchoir que tu respires, par diffusion dans un appareil adéquat, par voie cutanée, diluée dans une huile végétale et appliquée sur la zone concernée. Sois bien prudent, documente-toi et vas-y doucement.

L'emploi des cristaux[25]

C'est un bon moyen d'harmoniser tes centres, tu peux travailler sur un seul chakra ou sur l'ensemble, comme tu préfères. Choisis tes pierres en fonction du centre sur lequel tu souhaites te concentrer. Je t'en ai conseillé quelques-unes dans les fiches, mais fais surtout confiance à ton intuition et ne te pose pas trop de questions. Pour tirer parti des minéraux, c'est très simple, tu peux les porter sur toi au cours de la journée ou prendre un temps de méditation particulier en les posant sur le foyer à explorer ou sur l'ensemble des chakras si tu vises une harmonisation globale. Tu peux aussi les placer dans ton environnement. Pense bien, cependant, à les nettoyer après utilisation : s'ils le supportent (renseigne-toi), tu peux les tremper dans l'eau pour la nuit, puis les recharger au soleil la journée. Ou encore les passer dans la fumée dégagée par de la sauge embrasée. Porté ou accompagnant la méditation, le cristal vibre et fera ce qui doit être fait. Accueille-le, autorise-le à agir et laisse faire. Si tu es intéressé par de plus amples infos, penche-toi sur mon livre *Zéro blabla cristaux*[26].

Les pratiques énergétiques

Certaines disciplines, comme le yoga ou le *qi gong*, s'appuient sur la circulation de l'énergie et la bonne santé des centres. Dans la pratique du yoga, tu développeras l'équilibre corps-esprit ainsi que l'harmonie de tes chakras. Tu peux planifier des sessions consacrées à chaque centre ou à la totalité des chakras. Avec le qi gong, on se fondera plus globalement sur la circulation de l'énergie universelle (le Qi) dans l'organisme, en fonction des éléments et des méridiens. Chacune de ces disciplines a ses caractéristiques et il existe bien d'autres techniques. Leur avantage est qu'elles allient l'ensemble, l'harmonie corps-esprit. Tu ne peux pas tenir une posture de yoga si ton cœur et tes pensées ne sont pas en accord avec ton mouvement. Ce sont des philosophies de vie à part entière, de véritables chemins spirituels ; se contenter d'un simple *flow*, c'est se priver de toute une tradition d'enseignement. Ton équilibre énergétique peut donc aussi passer par la pratique d'une de ces disciplines, mais attention, comme pour tout, il s'agit d'être cohérent, de choisir une voie et de t'engager pleinement envers toi-même.

La méditation

Bien entendu, la pratique de la méditation est un vecteur simple et accessible pour travailler à l'équilibre de ton système chakrique, tu en as déjà quelques exemples. Tu peux y ajouter les mudras que tu trouveras dans les fiches et y combiner un peu tout de ce qu'il y a ci-dessus : les sons, les huiles, les pierres...

C'est la voie la plus douce et la plus intégrative.

Voilà, tu as de quoi t'amuser un peu avec tes chakras, je crois...

Renforcer la santé de ton système énergétique et l'harmonie de tes chakras est un vrai cheminement vers toi-même, tu l'as compris. C'est un véritable travail de purification, car l'énergie est en tout, elle est ce qui lie tout. Elle est ton corps, ton cœur et ton esprit. Ainsi, équilibrer tes énergies, c'est nettoyer toutes les scories qui entravent la circulation, calmer les traumas, apaiser les blessures, détricoter les croyances, assainir les habitudes de vie. Rien n'est extérieur à toi, et ton système énergétique n'y fait pas exception. Aligner tes chakras, c'est t'aligner, rectifier les impuretés pour laisser entrer la lumière.

Les canaux collecteurs d'énergies usagées (CCEU)[27]

Même s'ils ne font pas partie de la tradition hindoue, j'aimerais te parler de ces canaux avant de basculer en Chine. Les canaux collecteurs d'énergies usagées sont un peu ton évacuation énergétique.

Exactement comme, lorsque ton système d'élimination physiologique dysfonctionne, l'organisme s'engorge et s'intoxique, tu retrouves le même principe avec ton énergie. Ainsi, les énergies utilisées sont dirigées vers des canaux collecteurs sur lesquels tu peux facilement travailler. C'est pourquoi il est important d'avoir connaissance de ces CCEU et d'apprendre à les purger régulièrement. Car la présence d'une trop grande quantité d'énergies mortes peut vite devenir toxique et générer nombre de symptômes inconfortables.

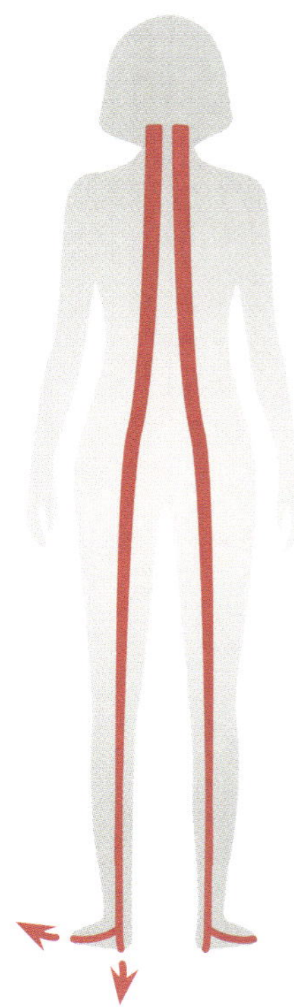

Les CCEU se répartissent de chaque côté du corps, ils partent de la base de l'occiput pour finir sous la voûte plantaire.

En soi, c'est assez simple, les énergies usagées y sont aiguillées « mécaniquement » et s'évacuent naturellement par le dessous du pied, mais pas toujours assez fluidement ou aisément.

Voyons tout de suite la pratique.

Pratique

Pour activer tes CCEU, masse doucement la base de l'occiput puis la voûte plantaire, avec cette intention en toi d'activer et de purger. Pose ensuite tes pieds à plat sur le sol – idéalement dans la terre, mais sur ton plancher, ça marche aussi – et visualise l'énergie usagée qui circule depuis la tête vers les pieds, pour être expulsée dans la terre. Accompagne cette visualisation d'une intention profonde de purification en maintenant ton attention 5 à 10 minutes. Fais cela deux ou trois fois dans la semaine. Pense à demander à la terre de transmuter en lumière, elle n'est pas ta poubelle...

C'est un réflexe à prendre pour soutenir ton équilibre autant qu'après une journée chargée ou lorsque des symptômes d'inconfort apparaissent dans le corps.

EN CHINE : L'HOMME À L'IMAGE DU MONDE

Le premier écrit concernant les pratiques énergétiques taoïstes date de I 200 ans avant notre ère, c'est le *Tao-tö king* de Lao-tseu. C'est une voie vers la sagesse, un véritable art de vivre et une façon singulière de percevoir l'homme, sa place dans l'Univers et son lien avec ce dernier. Il met en relation l'infiniment grand et l'infiniment petit, ce qui est en haut est comme ce qui est en bas. Je ne t'en livre ici qu'une minuscule parcelle.

Selon les taoïstes, l'homme est régi par les mêmes principes et les mêmes lois que ceux qui gouvernent le monde. L'équilibre absolu n'existe pas, car l'homme vit dans un déséquilibre permanent ; son rôle est le réajustement constant de ce qui est mouvant et l'acceptation de l'impermanence.

LE TAO[28]

Pour le tao, l'Univers est le fruit de la circulation du Qi, l'énergie fondamentale résidant en toutes choses, constituée de deux forces opposées et complémentaires, le yin et le yang, indispensables l'une à l'autre comme le jour l'est à la nuit. Cette dualité est génératrice d'un mouvement perpétuel qui autorise des points de stabilité et sans lequel tout serait séparé. Comme au sein de l'atome, il y a dans le Qi autant de positif que de négatif pour maintenir l'équilibre global. Les polarités yin et yang circulent donc sans cesse dans un équilibre dynamique. Elles expriment la nature interconnectée et fluctuante de tout ce qui est créé. L'une n'existe pas sans l'autre, et elles existent l'une par rapport à l'autre.

Le *yin* représente le principe féminin, il est lié à la Terre et son astre est la Lune. Sa saison est l'hiver et son élément, l'eau. C'est le froid, la nuit, l'obscurité. Il est tourné vers l'intérieur et la vie familiale, il reçoit. Sa polarité est le négatif.

Le *yang* représente le principe masculin, il est lié au ciel et son astre est le Soleil. Sa saison est l'été et son élément, le feu. C'est la chaleur, le jour, la lumière. Il est tourné vers l'extérieur et la vie sociale, il donne. Sa polarité est le positif.

Cette voie philosophique qu'est le tao sert de socle à de nombreuses disciplines, comme la médecine traditionnelle chinoise. Fondée sur l'observation du vivant, celle-ci considère la santé comme holistique, elle aborde les dimensions physique, émotionnelle et mentale de l'individu, autant que le contexte géographique, social, familial et cosmologique dans lequel il évolue.

LES CINQ ÉLÉMENTS (OU CINQ PRINCIPES) ET LEURS MÉRIDIENS

Pour le tao et la médecine traditionnelle chinoise, l'homme est un reflet de l'Univers qui circule en lui. Ainsi, on retrouve dans son microcosme tout ce qui est présent dans le macrocosme, les cinq éléments, les cinq mouvements.

La loi des cinq principes s'est forgée au fil du temps et par l'observation du fonctionnement de la nature. Associée aux quatre points cardinaux et aux saisons, elle théorise la circulation de l'énergie au sein des cinq éléments – le bois, la terre, le feu, le métal et l'eau – qui cohabitent dans l'Univers comme dans l'homme et s'équilibrent selon des cycles d'engendrement ou d'inhibition.

Chaque élément contient une part de yin et une part de yang, qui doivent s'harmoniser. En outre, chacun correspond à un mouvement : le bois est le mouvement vers l'extérieur, le métal est le mouvement vers l'intérieur, l'eau est le mouvement descendant, le feu est le mouvement ascendant et la terre, la stabilité.

Chaque élément est présent dans le corps, il y est relié à un organe (yin) et à des entrailles (yang). L'ensemble organe-entrailles est appelé une « loge ». L'énergie de l'élément circule dans les méridiens de la loge (par exemple, l'élément bois dirige le foie – yin – et la vésicule biliaire – yang –, l'énergie bois est véhiculée par les méridiens foie et vésicule biliaire).

Pour chaque élément, on compte deux paires de méridiens, ces derniers fonctionnent en duo (il y a un méridien foie sur la droite du corps et un sur la gauche, *idem* pour la vésicule). Et c'est ainsi pour chaque loge de chaque élément.

L'énergie se propage de façon différente dans les méridiens selon leur localisation sur les bras ou sur les jambes.

Les canaux yin des bras se placent sur la face interne et la circulation s'y fait de l'intérieur du corps vers l'extérieur, donc de l'épaule vers le bout des doigts. Les méridiens yang des bras, sur la face externe, offrent une diffusion dans le sens inverse, des doigts vers l'épaule.

Pour les jambes, c'est l'opposé : les méridiens yin répandent l'énergie de l'extérieur vers l'intérieur du corps, donc du bout des orteils vers les hanches, le thorax, voire la tête pour certains. Les yang la font circuler de l'intérieur du corps vers l'extérieur.

En général, tu peux te dire que le yang protège le yin. Les canaux yang sont donc à l'extérieur du corps, sur la face externe des bras ou des jambes, et les yin, à l'intérieur, sur les faces internes.

L'énergie passe d'un élément à l'autre au cours de la journée selon un cycle horaire, le cycle nycthéméral, ce qui implique que les organes ou les entrailles concernés travailleront à plein régime environ deux heures par jour.

En plus d'associer chaque élément à une temporalité journalière et annuelle par ses liens aux saisons, ainsi qu'à une part de ta physiologie, y correspondent un point cardinal, des saveurs, des odeurs, des couleurs, un moment de lunaison, un aspect psychologique, morphologique, etc.

Ainsi, tu as un bon nombre de voies pour identifier d'une part quel élément est celui qui domine chez toi, c'est-à-dire ta nature, et d'autre part, pour comprendre ce qui est en train d'agir en toi lorsqu'un déséquilibre se présente.

Pour chaque élément, je te transmets une fiche regroupant tout ce qui y est corrélé en termes de physiologie, de psychologie, de symbolique, ainsi que les méridiens par lesquels circule son énergie. Ainsi, tu seras en possession de bonnes grilles de lecture et nous verrons dans la pratique deux ou trois astuces pour exploiter cela.

Le bois

Le bois, par son association au printemps, représente le début du cycle, il est donc signe de croissance, de déploiement des ressources en puissance. Il est une force active et volontaire, il est le yang naissant et le yin décroissant, on passe de l'intérieur à l'extérieur.

Par sa capacité à se courber et à se redresser, il symbolise le mouvement et la souplesse. Il croît vers la lumière, il est l'expansion, comme celle que l'on voit au-dehors au printemps.

Morphologie

La personne de type bois aura un physique longiligne, fin et long, elle peut être maigre.

Le teint sera coloré, voire verdâtre, les lèvres seront bien rouges. La musculature sera tonique et ferme, avec une bonne résistance physique. Le regard est franc, les mains sont fines et les ongles, mous et cassants.

Psychologie

Harmonie et élégance sont parmi les qualités majeures de la personne bois. Elle sera de nature entraînante, travailleuse, combative et intuitive. C'est un individu créatif, cordial et accueillant. Dans les fragilités de la personnalité, on retrouvera une tendance à la colère, un côté lunatique et instable, ainsi qu'une légère propension à ne pas aimer avoir tort.

木

Direction cardinale : est. Saison : printemps. Climat : vent. Moment de la journée : matin. Couleur : vert. Saveur : acide. Odeur : rance. Sens : vue. Lune : Ier quartier.	Organe (yin) : foie. Entrailles (yang) : vésicule biliaire. Système physiologique : locomoteur (squelette, muscle). Parties du corps liées : œil, muscles, tendons. Émotionnel : colère, culpabilité. Mental : imagination, angoisse. Apport : gouverne le flux du Qi.

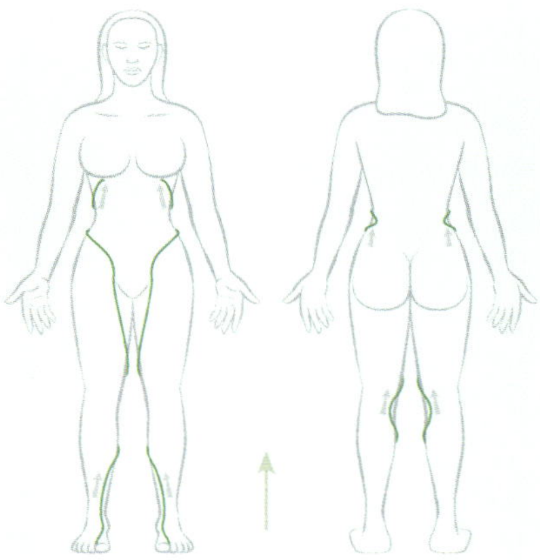

Foie (yin)

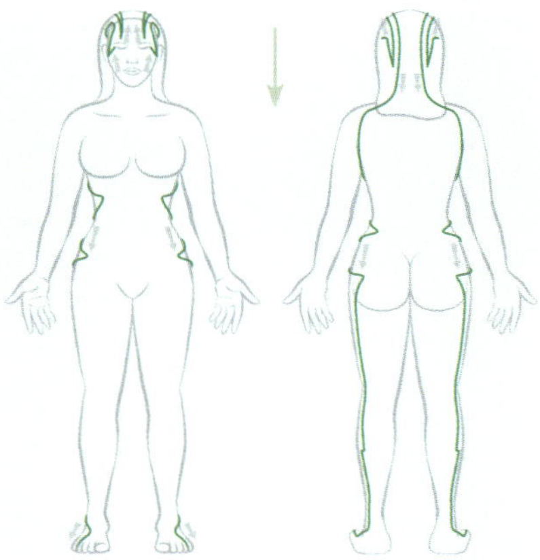

Vésicule biliaire (yang)

Le feu

Le feu est le yang à son apogée, la force dans sa pleine puissance. Il est la transformation, l'expression pleine et entière du potentiel sans concession. Il est tourné vers l'extérieur, comme la nature en été, qui s'ouvre complètement et s'offre. Il est l'explosion des possibles. Il est rassurant et réchauffe, mais il peut vite devenir dangereux. C'est un élément dont la dualité est très présente de par sa puissance, il faut prendre garde à sa mesure.

Morphologie

La personne de type feu aura un physique grand et fort, un gabarit sportif avec une tendance à l'obésité. Le visage sera large en bas, le teint coloré et rouge, les mains seront longues et les doigts fins, avec des ongles solides.

Psychologie

Le type feu sera en résonance avec la saison associée, l'été. Il sera fougueux, généreux, bon vivant, plein de joie, extraverti et chaleureux. Il se montrera serviable et optimiste, il ira de l'avant.

Dans ses penchants négatifs, il aura une tendance à l'agressivité et pourra présenter une certaine fragilité émotionnelle.

火

Direction cardinale : sud.	Organe (yin) : cœur.
Saison : été.	Entrailles (yang) : intestin grêle.
Climat : chaleur.	Système physiologique : système nerveux central.
Moment de la journée : midi.	Parties du corps liées : langue, vaisseaux sanguins.
Couleur : rouge.	Émotionnel : joie (manque de joie).
Saveur : amer.	Mental : raison, excitation.
Odeur : brûlé.	Apport : gouverne le psychisme.
Sens : toucher.	
Lune : pleine lune.	

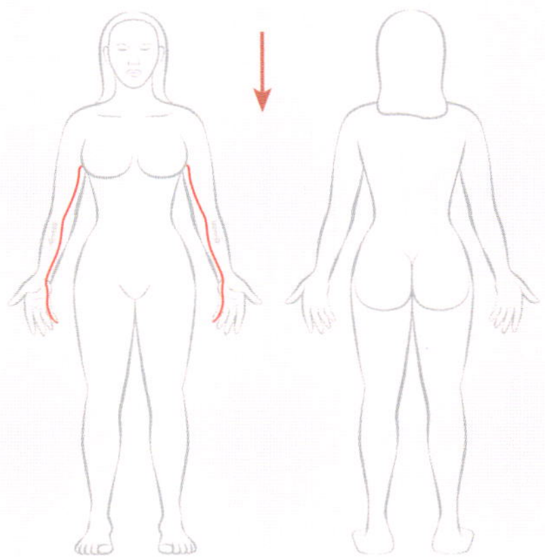

Cœur (yin)

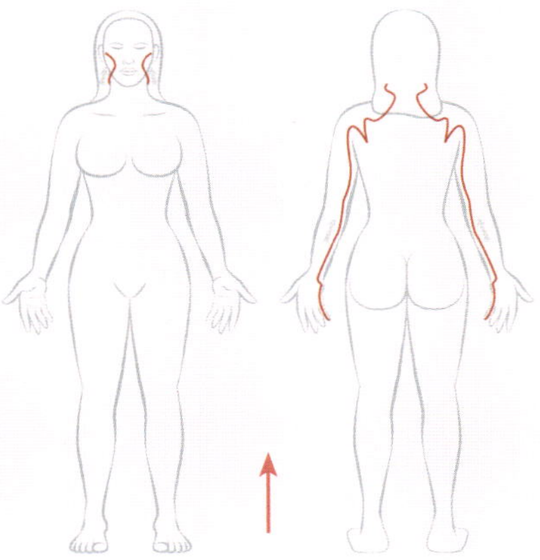

Intestin grêle (yang)

La terre

La terre est notre maison, elle est le support, celle qui soutient, le milieu fécond dans lequel on peut se fixer. Elle donne autant qu'elle reçoit, tout autant yin que yang. Elle relie tous les autres éléments, le bois y prend racine, le feu en émerge, le métal s'en nourrit et elle accueille l'eau ; elle est le liant et le socle. Elle est l'essentiel, au centre.

Morphologie

L'individu terre sera d'allure massive et trapue, les épaules et les hanches larges comme de bons soutiens. Les traits seront épais, les sourcils fournis et le teint un peu jaune. Les mains seront courtes et potelées. Avec peu de souplesse, le ventre sera parfois rond.

Psychologie

La personne terre y aura les pieds bien ancrés. Stable et paisible, elle saura pour autant être non conformiste, bien que réaliste. Elle aura le sens du travail et des responsabilités. Elle sera capable de transformation lente et source d'abondance.

Dans ses aspects négatifs, ce type de personnalité peut basculer dans la rumination jusqu'au pourrissement.

Direction cardinale : centre.

Saison : intersaison.

Climat : humide.

Moment de la journée : après-midi.

Couleur : jaune.

Saveur : doux.

Odeur : suave.

Sens : goût.

Lune : toutes.

Organes (yin) : rate, pancréas.

Entrailles (yang) : estomac.

Système physiologique : digestif.

Parties du corps liées : bouche, tissus conjonctifs.

Émotionnel : rumination, soucis.

Mental : mémoire.

Apport : gouverne la transformation.

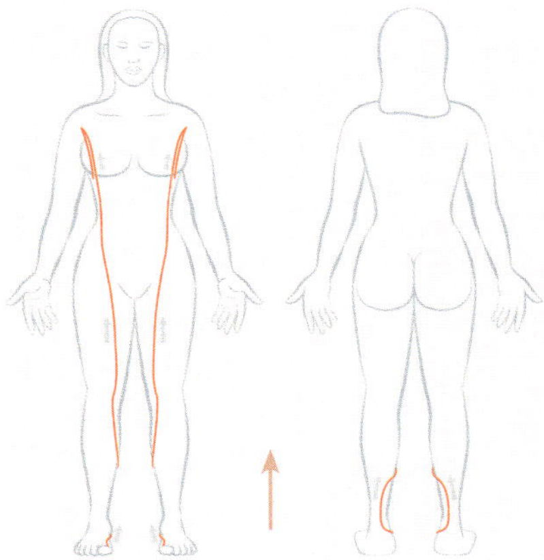

Rate, pancréas (yin)

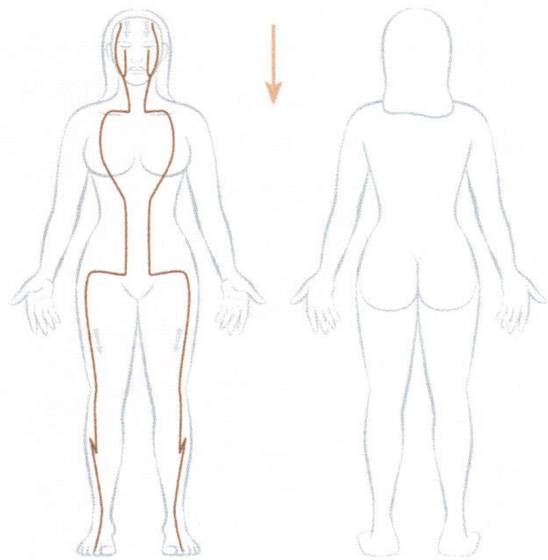

Estomac (yang)

Le métal

Le métal se modifie, il est malléable sous l'effet d'influences extérieures et il peut conserver la forme acquise par refroidissement et durcissement. L'automne, auquel il est associé, est aussi le temps des récoltes avant d'entrer dans l'hiver. Il est le yang qui décroît, la lumière qui s'en va pour laisser place à la nuit et au yin croissant. Il est cette phase de transition où l'on se fige dans la transformation.

Morphologie

Le type métal aura un physique grand et mince. De bonne apparence générale, il pourra avoir le dos légèrement courbé. Le teint sera clair ou hâlé. Les mains seront longues et les doigts, tordus. Le regard sera dur et vif, parfois triste.

Psychologie

La personne métal sera capable d'évoluer en conscience, elle saura libérer le passé et maîtriser ses émotions. Prudente et prévoyante, elle sera méticuleuse et ordonnée, elle pourra se montrer rigide. Claire, fraîche et ferme, elle aura le sens de la réalisation.

Dans ses aspects négatifs, son esprit est chagrin et elle développe un caractère destructeur.

金

Direction cardinale : ouest.

Saison : automne.

Climat : sec.

Moment de la journée : soir.

Couleurs : blanc, gris.

Saveur : piquant.

Odeur : âcre.

Sens : odorat.

Lune : dernier quartier.

Organe (yin) : poumons.

Entrailles (yang) : gros intestin.

Système physiologique : respiratoire.

Parties du corps liées : poils, peau, nez.

Émotionnel : tristesse.

Mental : pessimisme.

Apport : gouverne l'élimination.

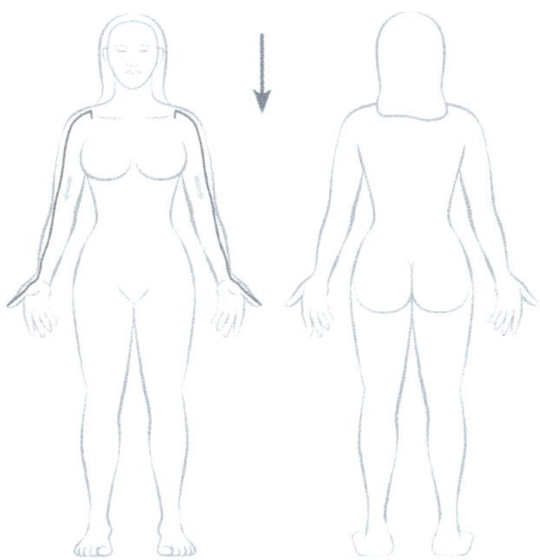

Poumons (yin)

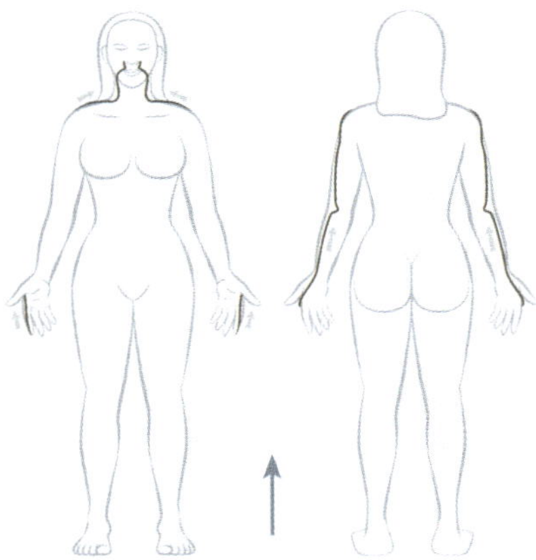

Gros intestin (yang)

L'eau

L'eau et l'hiver représentent l'apogée du yin, le temps de l'introspection et de la gestation. C'est l'état latent de retour à soi, dans l'attente du nouveau cycle. C'est le moment où l'on tire les leçons des expériences, on l'on se nourrit de ce qui doit être assimilé et où on laisse aller ce qui n'est plus nécessaire. C'est aussi ce féminin sacré qui s'exprime dans la nuit, cette obscurité qui ouvre à une autre réalité et à d'autres possibles.

Morphologie

Le physique de type eau sera rond, parfois gras et replet. Il sera en tout cas moelleux et généreux, la peau sera douce et souple. La bouche sera épaisse et les cheveux luisants, le teint foncé avec des poches sous les yeux. Les mains seront courtes et boudinées, les ongles, fragiles. Il craindra le froid et l'humidité.

Psychologie

Le type eau aura une grande puissance intérieure et une force féconde. Il sera sensitif et intuitif, généreux et capable de sacrifice. Plutôt froid, il pourra montrer une forme de sévérité et de rigueur, et susciter crainte et respect. Il saura prendre des décisions rapidement et sera loyal et prudent.

水

Direction cardinale : nord. Saison : hiver. Climat : froid. Moment de la journée : nuit. Couleur : noir. Saveur : salé. Odeur : moisi. Sens : ouïe. Lune : nouvelle lune.	Organe (yin) : reins. Entrailles (yang) : vessie. Systèmes physiologiques : urinaire, reproducteur. Parties du corps liées : os, oreilles. Émotionnel : peur. Mental : volonté, insécurité. Apport : gouverne l'évolution et la vieillesse.

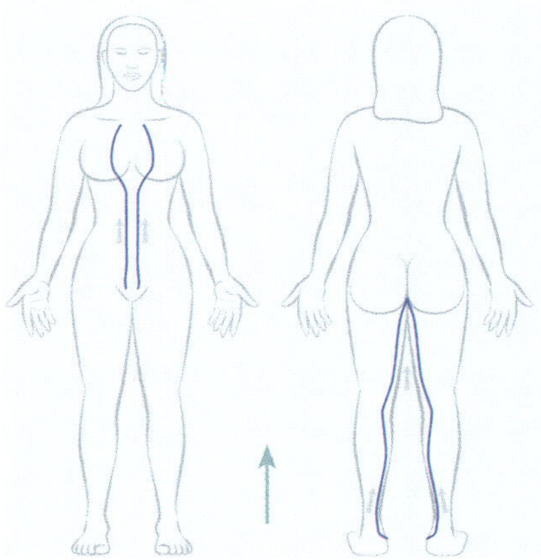

Reins (yin)

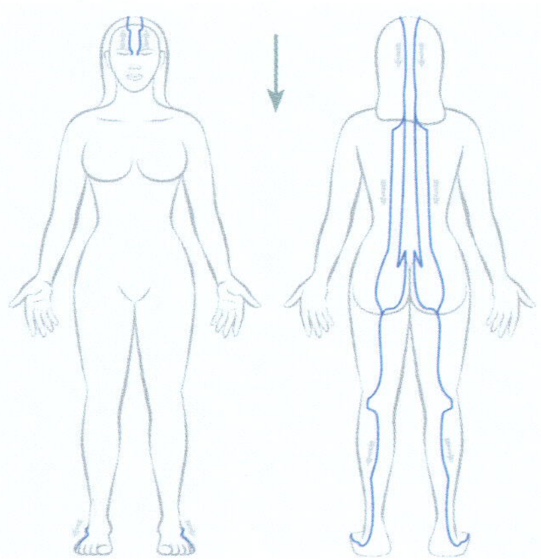

Vessie (yang)

Chaque personne développe plus un type qu'un autre et en porte les attributions : c'est son terrain. La prédominance d'un élément chez toi te donne une sorte de base.

Cependant, tu es soumis à nombre de facteurs exogènes, avec lesquels tu bouges. Tu vas évoluer en fonction des saisons, de ton environnement, des situations, de ton hygiène de vie, et tout cela va influer sur la circulation de l'énergie dans les éléments et leur équilibre. Tout se modifie tout le temps, par rapport à ce que tu es, à ce que tu vis, à ce qu'il y a autour de toi, c'est pourquoi tu peux te référer régulièrement à ces fiches pour comprendre et ajuster.

LES CYCLES DES ÉLÉMENTS

Avant de te donner les astuces pour exploiter ces connaissances, abordons rapidement les cycles selon lesquels l'énergie circule au sein des éléments.

Tout d'abord, comme je te l'ai dit, les organes et les entrailles fonctionnent à leur apogée deux heures par jour. La compréhension de ce cycle nycthéméral, qui rythme la circulation de l'énergie, t'est utile lorsque par exemple tu as un coup de mou toujours à la même heure ou un réveil nocturne toujours au même moment. Il t'indique qu'un élément est en déséquilibre ou qu'un organe est en souffrance. En voici la représentation :

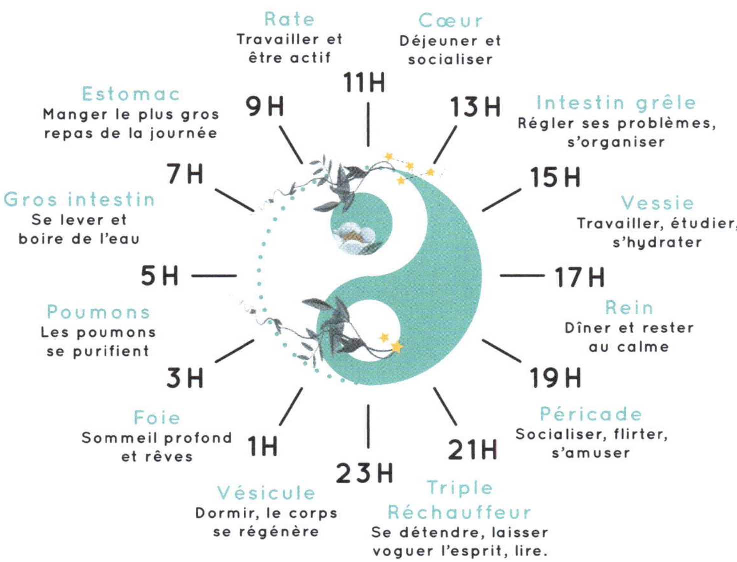

Attention, ce cadran a pour base l'heure du soleil. Nous avons une heure de plus en hiver et deux en été. N'oublie pas de faire la conversion.

D'autre part, exactement comme les saisons auxquelles ils sont liés qui fonctionnent de façon cyclique, les éléments évoluent aussi selon des cycles. On en distingue deux principaux : le cycle d'engendrement (ou nourricier) et le cycle d'inhibition (ou de contrôle). Ces règles gèrent les rapports entre les cinq principes et sont fondées sur l'observation implacable des lois de la nature.

Le cycle d'engendrement

- Le bois nourrit le feu (sans bois, pas de feu…).
- Le feu nourrit la terre (en agriculture, on brûle la terre pour l'enrichir par les cendres).
- La terre nourrit le métal (c'est au cœur de la terre que se forment les métaux).
- Le métal nourrit l'eau (les oligoéléments présents dans l'eau sont des métaux ou des métalloïdes).
- Et l'eau nourrit le bois (le bois a besoin d'eau pour grandir).

Ce cycle est appelé « cycle d'engendrement », car les éléments se nourrissent mutuellement. Il est positif et bénéfique.

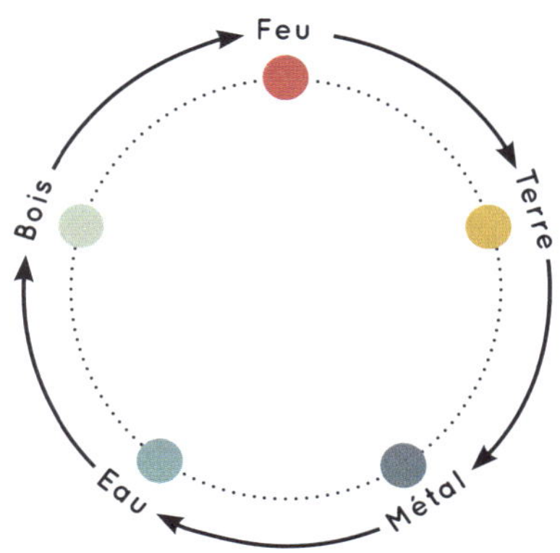

Le cycle d'inhibition

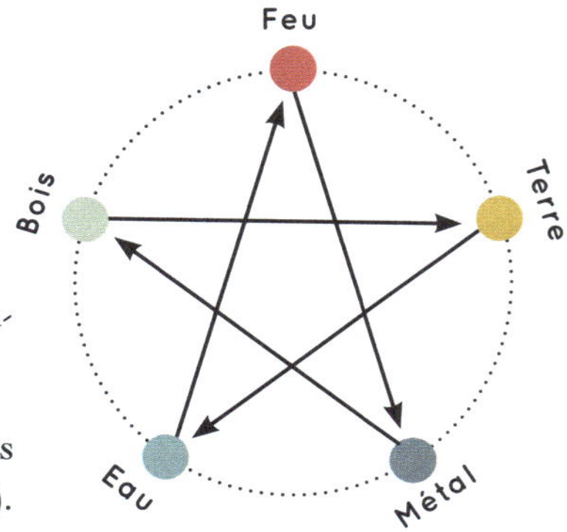

Toujours selon les observations des lois naturelles, on peut constater que :

- Le bois contrôle la terre (des plantations en trop grand nombre appauvrissent le sol).
- La terre contrôle l'eau (la terre absorbe l'eau).
- L'eau contrôle le feu (en l'éteignant).
- Le feu contrôle le métal (il n'y a pas mieux pour faire fondre le métal).
- Le métal contrôle le bois (la hache est bien en métal…).

Ce cycle est appelé « cycle d'inhibition », car les éléments se limitent mutuellement. Il peut devenir toxique, lorsque les éléments s'épuisent.

Bien que tu aies un terrain dominant, n'oublie pas que tout est mouvant et que tu peux être à un instant de ta vie dans une dominante bois et, à un autre, dans une dominante eau. C'est OK, c'est le cycle de l'évolution.

D'autre part, la circulation de l'énergie en toi suit celle de l'Univers. Ainsi, l'eau travaillera davantage en hiver, comme le feu en été. Tu peux utiliser ces connaissances préventivement pour accompagner et soutenir le corps selon les saisons, mais aussi selon les temps de la journée. Par exemple, à chaque intersaison, la terre va travailler plus fort ; de même, à chaque entrée dans une saison, l'élément auquel elle est associée va se mettre en mouvement.

La circulation de l'énergie va également varier avec ton hygiène de vie. Tes émotions et ton mental vont de même l'influencer.. Tu peux dans les cinq principes te lire, et prendre soin de toi à tous les niveaux, dans le corps, le cœur et l'esprit.

Exactement comme pour les chakras, l'équilibre de l'énergie dans ton organisme ne dépend que de toi et de la responsabilité que tu en prends. Ce ne sont là que des grilles de lecture et des voies d'évolution, pas une baguette magique.

Pratique

Déterminer ton terrain

À partir des fiches correspondant à chaque élément, je te propose de t'amuser à trouver où tu te places. C'est une façon de définir ton terrain. Demande-toi sincèrement ce que tu préfères, quelle saison, quel moment de la journée, quelle saveur, quelle couleur, etc. Et observe où tu te situes dans la grille des éléments, cela te permettra de définir ta dominante. Je t'ai préparé un petit test façon magazine féminin pour t'aider à déterminer ton terrain dominant. Attrape ton stylo !

Quelle est ta saison préférée ?

A. Le printemps

B. L'été

C. Les intersaisons

D. L'automne

E. L'hiver

Quel est ton moment de la journée favori ?

A. Le matin

B. Le midi

C. L'après-midi

D. Le soir

E. La nuit

Laquelle de ces couleurs te plaît le plus ?

A. Le vert

B. Le rouge

C. Le jaune

D. Le blanc

E. Le noir

Laquelle de ces saveurs t'attire le plus ?

A. L'acide

B. L'amer

C. Le sucré

D. Le piquant

E. Le salé

Pratique

Laquelle de ces émotions t'habite le plus souvent ?

A. La colère

B. La joie

C. Le souci

D. La tristesse

E. La peur

Qu'est-ce qui est le plus présent en toi ?

A. Ton imagination

B. Ta raison

C. Ta mémoire

D. Ton pessimisme

E. Ta volonté

Lequel de ces sens est le plus développé chez toi ?

A. La vue

B. Le toucher

C. Le goût

D. L'odorat

E. L'ouïe

Ton physique est plutôt :

A. Fin et longiligne

B. Grand et fort

C. Massif et trapu

D. Grand et mince

E. Rond et généreux

Tes mains sont plutôt :

A. Fines

B. Longues

C. Courtes

D. Tordues

E. Boudinées

Tes qualités principales sont :

A. Travailleur et créatif

B. Fougueux et généreux

C. Stable et paisible

D. Méticuleux et ordonné

E. Sensitif et loyal

Pratique

Une majorité de A, ton terrain est bois. Une majorité de B, ton terrain est feu. Une majorité de C, ton terrain est terre. Une majorité de D, ton terrain est métal. Une majorité de E, ton terrain est eau.

Attention, il s'agit d'une vulgarisation pour te permettre de toucher du doigt les choses, ne le prend pas pour argent comptant. Le mieux est tout de même de consulter un praticien compétent qui saura faire une évaluation complète.

Identifier l'élément en déséquilibre

Maintenant que tu as identifié ton terrain, tu peux utiliser le même principe chaque fois que tu sens un déséquilibre pour savoir dans quel élément ce dernier se trouve.

Tu peux te servir des fiches pour t'aiguiller dans l'écoute et l'observation, essentielles pour identifier où ça travaille. Parfois, c'est évident ; parfois, un peu moins.

Tu peux être vigilant aux manifestations du corps, afin de déterminer quelle partie se fait sentir.

Considère également ta vie émotionnelle et ta vie mentale, la façon dont tu te sens dans ces sphères... Et bien sûr, tu peux être attentif à tout le reste : tes envies alimentaires, le moment de la journée où tu as le plus ou le moins de vitalité, les sens qui sont les plus affûtés, les ressentis (vent, froid, etc.) qui te pénètrent le plus...

Prends le temps de l'écoute avec douceur et honnêteté. À partir de là, tu pourras établir quel est l'élément en mouvement, afin de lui apporter les soins nécessaires.

Tu peux aussi t'appuyer sur le cycle journalier et observer à quel moment ta vitalité est au plus haut ou au plus bas, ou bien encore à quelle heure tu te réveilles la nuit, si c'est le cas. Réfère-toi au cadran du cycle nycthéméral.

Pratique

Nourrir les éléments

À partir de l'observation, tu vas savoir quel élément appelle et tu vas pouvoir en prendre soin.

Nourrir un élément, c'est très simple, c'est tout simplement lui apporter ce qui lui correspond : saveur, odeur, couleur, température, stimulation physique… ou au contraire l'apaiser par celui qui le contrôle.

Exemple : si tu te réveilles à 2 heures du matin toutes les nuits, tu peux te dire que ton foie travaille. Tu vas le soutenir par exemple en ajoutant un peu d'acide dans ton alimentation. En revanche, si tu t'aperçois que tu mets déjà du citron partout, c'est qu'il travaille trop et que tu dois calmer le jeu, ou bien qu'il est en demande.

Identifie l'élément qui te tracasse et observe ton hygiène de vie autant que ton état d'être. C'est en recoupant les informations que tu pourras t'y retrouver ; si tu es déjà à fond sur tout ce qui le nourrit, c'est qu'il est en excès ou en demande. Ce qui te permettra de faire le *distinguo* entre un excès ou un besoin, c'est l'observation holistique. Un élément qui travaille trop en vient à s'épuiser, il passe de l'excès au besoin par l'épuisement, il te faut donc être attentif. Dans le cas d'un excès, nourris celui qui le contrôle (réfère-toi au cycle d'inhibition). Dans notre exemple foie-bois, tu vas nourrir le métal et plutôt privilégier le piquant dans ton assiette. Dans le cas d'un besoin, tu vas le nourrir directement.

Attention, cependant : diagnostiquer les déséquilibres des éléments est un métier à part entière, qui nécessite une analyse de tes comportements et de ta physiologie. Tu peux donc avec douceur t'observer et apporter des ajustements, mais n'hésite pas à te faire accompagner.

Pour nourrir un élément, tu peux aussi opter pour les automassages le long des trajets des méridiens. Masse-toi simplement avec le plat de la main dans le sens de circulation du méridien, par exemple du dessus du pied jusqu'au bord costal pour notre cher foie, en accompagnant ton geste de l'intention de l'activer.

Pratique

Travaille toujours sur les deux méridiens en même temps (droite et gauche) et n'oublie pas le copain, dans notre exemple, la vésicule biliaire. Si tu actives le yin, tu dois aussi activer le yang pour garder l'équilibre.

Enfin, dans chaque élément se reflète l'ensemble de l'être : le corps, le cœur et l'esprit. Prends donc en considération tes pensées et tes émotions autant que ton hygiène de vie, elles aussi (et surtout) font des nœuds dans les voies de circulation.

Le travail de prévention

L'enjeu du travail énergétique va bien entendu être de ne pas arriver au déséquilibre, donc d'agir préventivement. Pour cela, tu peux soutenir ton corps.

La plupart des déséquilibres se produiront dans les bouleversements, les phases intenses et les changements de saison.

On appellera « bouleversements » les périodes de la vie où tu perds tes repères : un déménagement, une rupture, un nouveau travail, un deuil, etc.

Les phases intenses seront les périodes de forte sollicitation à tous les niveaux : la préparation d'un concours, d'une compétition, d'une présentation importante, etc.

Les changements de saison sont, comme leur nom l'indique, tous les passages saisonniers. Mais n'oublie pas : la terre, durant cette phase de quelques jours à chaque bascule, est une sorte de zone tampon qui peut te permettre de te préparer au mieux.

Face à chacun de ces événements, même s'il n'est pas forcément prévisible, tu peux réagir rapidement et intervenir avant qu'un déséquilibre ne s'installe, afin de conserver une certaine harmonie.

Dans le cas d'un deuil, par exemple, tu sais que le métal va être sollicité (la tristesse), ainsi que les poumons. Tu peux donc te faire une petite cure d'eucalyptus et prendre rapidement rendez-vous avec un praticien pour te soutenir et traiter tes émotions.

Dans le cas d'une séparation, tu risques de ressentir de l'injustice et de la colère, donc le bois et le foie, tu vas être vigilant à ne pas trop solliciter l'organe. Tu pourras aussi faire travailler tes muscles en pratiquant une activité sportive, ça te permettra en outre d'évacuer la colère...

Dans le cas d'un déménagement, ce sera l'eau et l'insécurité, par exemple. Même principe...

Pendant les phases intenses, c'est souvent la terre qui travaille, mais ça, ça dépend de toi, de la même façon, observe-toi, écoute-toi, tu te connais mieux que quiconque, et prends tes précautions en fonction pour rester centré.

Lors des changements de saison, pendant la période terre, soit quinze jours avant le solstice ou l'équinoxe. Tu peux en profiter pour faire une détox de la loge qui vient d'être au travail. Par exemple, en sortant de l'hiver, tu peux détoxifier les reins et la vessie.

Il t'est aussi possible de préparer ton corps par l'auto-massage. Tu vas stimuler l'élément à venir en massant l'ensemble de tes circuits selon le cycle d'engendrement. On va stimuler tous les éléments les uns après les autres en finissant par celui que l'on veut soutenir. Par exemple, on arrive à l'automne, tu peux travailler sur un cycle d'engendrement métal. Tu commences par l'eau (rein et vessie), tu poursuis par le bois (foie et vésicule biliaire), puis le feu (cœur et intestin grêle), puis la terre (rate-pancréas et estomac) et enfin le métal (poumon et gros intestin).

Tu peux stimuler les éléments de cette façon tout au long de l'année mais aussi en fonction des périodes que tu traverses. C'est très simple et rapide.

Pratique

Bois
(foie-vésicule biliaire)

Feu
(cœur-intestin grêle)

Feu
(maître cœur-triple
réchauffeur)

Terre
(rate, pancréas
-estomac)

Métal
(poumons-gros
intestin)

Eau
(reins-vessie)

La facilité ou la difficulté que tu ressentiras à tenir ces postures t'indiquera aussi l'état de l'élément concerné.

L'énergétique chinoise et la philosophie du tao placent l'Homme dans l'Univers et à son image. Cette vision nous permet de nous prémunir des variations exogènes et de maintenir un état d'équilibre constant. Elle ouvre la voie de la prévention et de la conscience.

En Chine comme en Inde, l'équilibre énergétique relève d'un alignement du corps, du cœur et de l'esprit. Il est essentiel de nourrir chacune des sphères de l'être, de considérer l'individu dans son entier pour être en harmonie.

Dans chaque élément, tout s'exprime, du corps à l'âme. D'ailleurs, tu le ressens ; ton état d'être ainsi que ton ressenti physique varient selon les saisons. Il te suffit d'observer et d'écouter pour ajuster les voiles et suivre les mouvements intérieurs autant qu'extérieurs. C'est un art de suivre le *flow*, de juste se laisser aller sans tension. Accueillir ce qui advient, cesser de chercher un état pérenne de stabilité et accepter les variations, l'impermanence et le mouvement, s'en laisser traverser et se laisser porter. Être avec soi et avec le monde, vibrer au rythme des saisons. Cultiver sa nature comme on cultive la terre au rythme du monde.

La qualité de ton énergie dépendra de sa circulation, elle-même liée à ton hygiène de vie, au traitement de tes émotions et à la conscience de tes pensées. C'est un art de l'observation et de l'ajustement constant, une nécessité absolue d'être présent en soi et dans le monde.

La santé énergétique est avant tout une santé de l'être. Aucun soin, aucune pierre, aucun massage ne t'apportera l'équilibre dont tu es responsable. Ce ne sont que des compléments et des soutiens.

Tu es un générateur à tous les niveaux. Ton corps, ton cœur et ton esprit constituent la trinité centrale qu'il te faut purifier et rectifier en permanence pour conserver un état d'alignement et, par là même, transcender les possibles de la matière dans laquelle tu es incarné. Ainsi, tu autorises une circulation harmonieuse et tu peux te laisser traverser pour t'ouvrir à une perceptivité autre. Il n'est aucune limite, seulement celles que tu veux bien concevoir.

L'harmonie de tes chakras ou l'équilibre des éléments en toi sont les reflets de ce que tu es, mais rien n'est figé et ta réalité vibratoire te guide vers la meilleure version de toi-même. Si tu œuvres de façon holistique au quotidien, la conscience énergétique sera le liant qui te guidera vers l'apogée de l'être. Le corps devient le réceptacle de l'âme, car la voie est libre.

La pratique énergétique est un art de vivre et un entraînement quotidien, un apprentissage permanent. L'énergie est partout et elle te demandera de te connaître, de naître à toi-même. C'est un travail d'honnêteté et de guérison, c'est une voie. « Connais-toi toi-même et tu connaîtras l'Univers et les dieux » (Socrate), c'est à cela que t'ouvrent la conscience et l'usage de ta nature vibratoire. Être un être d'énergie abolit les limitations. L'énergie est ce qui unit.

HACK

Cocréer : le hacking bienveillant

Comme tu as pu t'en apercevoir au fil des pages, l'énergie est inhérente à ta nature, elle ne peut te faire défaut : tu la produis, tu la captes et elle se diffuse en toi pour lier au monde et entre elles toutes les parts de toi-même. Hacker cette énergie revient donc en définitive à faciliter l'union de toutes les sphères de ton être, afin d'optimiser sa circulation. Tu ne peux pas cultiver une bonne énergie physique si tes émotions ne circulent pas correctement, de même que tu ne peux apaiser une émotion si tu ne tiens pas compte du contexte qui l'a provoquée.

Tu fais partie du monde et le monde fait partie de toi, c'est la nature vibratoire de l'Univers qui le maintient assemblé. Même la science, la philosophie et la spiritualité sont interdépendantes, et l'énergétique est bien la discipline qui donne de la cohésion à tout cela. Elle est ce qui te rend illimité. Tu te déploies au-delà de ton enveloppe charnelle et tu as un impact au-delà de ce que tu crois être ton périmètre d'influence. Être un être d'énergie est ce qui te rend si puissant, c'est ta force.

Qu'il s'agisse du système chakrique ou de l'équilibre des éléments en soi, chaque organisation énergétique est le reflet de l'ensemble de l'individu. Développer son potentiel énergétique réside donc dans la guérison de chaque sphère et la préservation de leur harmonie au sein du système global – trouver l'état de connexion entre le corps, le cœur et l'esprit pour trouver sa place dans le monde. Comprendre, purifier et aligner pour atteindre l'unité.

Ainsi, plutôt que de te transmettre un programme d'entraînement, je vais t'aider à valoriser ton énergie comme un vecteur d'union, en toi-même puis avec le reste du monde. Je te propose d'envisager le hacking énergétique selon l'acronyme UNIR :

> **"U" pour utiliser.**
> **"N" pour nettoyer.**
> **"I" pour informer.**
> **"R" pour relier (et rayonner).**

Quatre petites lettres pour un process qui, une fois maîtrisé, te permettra de réajuster facilement et en permanence le centrage de ton énergie et la qualité de ta vibration.

"U" POUR *Utiliser*

Lorsque tu vas te pencher sur ton énergie, bien souvent, c'est parce qu'il te semblera en manquer. Même si nous reléguons d'ordinaire cette notion loin de nous, dans nos mots, elle est bien présente et tu le sens en toi. Quand ça ne tourne plus, que ça bloque, tu te dis alors que tu n'as plus d'énergie ou pas assez.

Mais elle est une force que tu génères, qui te traverse et que tu utilises. Compare cela à ton budget : si tu constates que tu es à court d'argent, il te faut savoir à quoi tu l'as employé et, en fonction de ce qui est juste pour toi, tu ajusteras tes postes de dépense pour être en mesure de tout financer… Eh bien, c'est exactement la même chose avec ton énergie. Avant d'aller en chercher ailleurs et de faire un crédit, en quelque sorte, demande-toi d'abord comment tu la dissipes, quels sont tes usages principaux et s'ils sont bénéfiques à l'entretien de la mécanique dans son ensemble.

Pour commencer, tu vas devoir identifier tes postes de dépense. Eh oui, c'est ballot, toi qui pensais t'élever dans les sphères spirituelles, pas de bol, avec moi, on est très terre à terre.

Chaque mouvement que tu effectues, chaque parole que tu prononces, chaque émotion que tu retiens, chaque pensée que tu émets consomme de l'énergie et en produit. Selon ce que tu exprimeras, elle te reviendra sous la même forme. Ainsi, si tu manifestes de la colère, non seulement tu consumeras beaucoup d'énergie, mais en plus, celle que tu attireras sera de qualité médiocre.

Voici un récapitulatif de ce que nous avons déjà abordé.

Ton corps

Ta physiologie est une sacrée productrice d'énergie. Chaque atome de chaque cellule de chacun de tes organes est une centrale, une source fondamentale. C'est également le poste de dépense dominant, car ces milliards de cellules, ça en fait des consommateurs ! En tout premier lieu, donc, lorsque tu n'as plus aucun tonus, demande-toi comment va ton corps. Pas besoin d'aller te faire marabouter si tu manges mal, si tu ne bouges pas ou si tu t'agites trop, si tu ne respectes pas ton sommeil, etc. Des repas trop riches, le manque de repos, l'absence d'activité physique ou son excès obligent le corps à travailler beaucoup plus qu'il ne le devrait, et cela t'épuise.

Un tel régime appauvrit aussi la qualité de l'énergie que fournit ton organisme. C'est un peu comme la terre que tu cultives : si tu en prends soin, elle te donnera des aliments gorgés de nutriments ; en revanche, si elle est en mauvaise santé, tes récoltes seront maigres…

Ton cœur et tes émotions

Ah ! ta vie émotionnelle ! Ça, c'est un peu enquiquinant de se dire que la sphère émotionnelle entre dans la qualité de notre énergie, on préférerait ne pas avoir à l'explorer. Mais si, chaque émotion, avec sa fréquence propre, est un super-générateur d'énergie. Elle va vibrer bien au-delà de toi, se répercuter sur ta physiologie et ton environnement, et faire écho à des fréquences similaires.

Les émotions sont des signaux véritablement puissants. Or souvent, nous avons appris à les réprimer. Cela est un abysse pour ton énergie, car non seulement tu te prives du message qu'elles portent, mais surtout, tu t'épuises à les retenir. C'est un peu comme tenter de contenir le couvercle d'une Cocotte-Minute, c'est énergivore. D'autre part, les émotions s'alimentent tant que tu ne les as pas traitées, ouvrant la voie à un cercle vicieux particulièrement fatigant.

Ton esprit et ton mental

Tes pensées sont toutes une énergie qui se diffuse dans ton corps et autour de toi, elles sont un vecteur de construction de ta réalité et aussi un pouvoir limitant si elles sont inhibées. Le mental qui ne s'arrête jamais, c'est tout bonnement éreintant. Ramène cela à ton être, individualise ton mental, suppose qu'il s'agisse d'une personne qui constamment avance, reste sur place et recule, un pas en avant, un en arrière… c'est consumant. Et imagine que cette personne ne se pose jamais dans un siège ou ne dorme jamais… Cette personne, c'est toi, une part de toi du moins… Voilà une dilapidation d'énergie phénoménale, la suractivité du mental…

Ton activité

Les activités que tu mènes sont tout aussi bien des postes de dépense énergétique que de gain, car elles te coûtent, mais elles te nourrissent également. En revanche, selon le rythme et l'équilibre que tu opéreras, leur impact pourra être positif ou négatif.

Une activité trop soutenue, trop longtemps, épuisera tes ressources. Trop travailler n'est pas une bonne chose et cela n'est pas favorable à la productivité. Mieux vaut travailler moins longtemps, plus sereinement, mais plus efficacement.

D'autre part, savoir pondérer ses activités professionnelles et personnelles est essentiel, car alimenter exagérément l'une au détriment de l'autre est source de frustration, et cela aussi est énergivore.

L'entourage

Les personnes de ton entourage ont la capacité de te nourrir ou de t'appauvrir. Là encore, porte ton attention sur ce que tu ressens en fonction des liens que tu noues et des caractères que tu côtoies. Que ce soit de la personne la plus proche de toi à la plus éloignée, aucune interaction n'est anodine. Et même si cela peut être inconfortable lorsque tu penses ne pas avoir de prise sur ton collègue ou qu'il te semble trop effrayant de questionner le rapport à ton ou ta conjoint(e), la qualité de tes relations est essentielle, car cela peut te ronger ou t'élever.

La communication

Retenir les non-dits, s'évertuer à imposer sa vérité, refuser d'entendre ou crier pour être entendu sont autant de comportements qui contribuent à diminuer la qualité de ton énergie et à entraver sa circulation. Ce qui reste informulé fait littéralement des nœuds, autant que les cris. Relève la manière dont tu communiques avec l'autre, mais aussi avec toi-même. Chaque fois que tu t'adresses des mots durs ou que tu en ravales, tu t'empoisonnes.

L'environnement

Le cadre dans lequel tu évolues peut se révéler fortement énergivore, voire carrément toxique. Le bruit de la ville, la pollution, le stress du métro, une maison mal agencée, sale ou en désordre, un quartier violent... tout cela a un impact sur ton énergie. Essaie d'évaluer quels sont les lieux où tu te tends et ceux où tu te détends.

Les cycles

La consommation et la production d'énergie varient au cours de la journée, mais aussi en fonction des saisons et des cycles physiologiques. Tu ne brûleras pas autant d'énergie l'été que l'hiver et, en conséquence, tu n'auras pas besoin des mêmes recharges. Ton corps, par exemple, exigera des nutriments et des rations spécifiques au printemps ou en automne, tes apports devront donc être adaptés à chaque situation. Imagine l'ours que l'on mettrait en détox en août alors qu'il est censé constituer des réserves pour l'hiver, pour sûr, il le vivra mal, l'hiver. Ainsi, si tu te sens déprimé à l'arrivée de l'automne alors que tu as passé l'été au régime, ne t'étonne pas d'être à plat, tu n'as pas respecté ton cycle. C'est la même chose chez nous, les femmes : selon la phase du cycle menstruel, nous sommes en expansion ou en régression énergétique, et c'est normal.

Les sources extérieures

Enfin, tu dois traiter et assimiler toutes les informations que tu reçois, et cela demande de l'énergie. Parce qu'ils te renvoient à un contexte émotionnel particulier, de nombreux facteurs anxiogènes et culpabilisants amoindrissent tes réserves énergétiques... Sois vigilant à la nature des éléments qui te parviennent. Sont-ils positifs ?

Le système énergétique est le carrefour de toutes les sphères de l'être. Commence par identifier les conditions qui t'amènent à dissiper le plus d'énergie – ton hygiène de vie, ton mode de vie, ton cadre de vie, etc. – et représente ces postes de dépense sous la forme d'un diagramme, afin de mieux les visualiser.

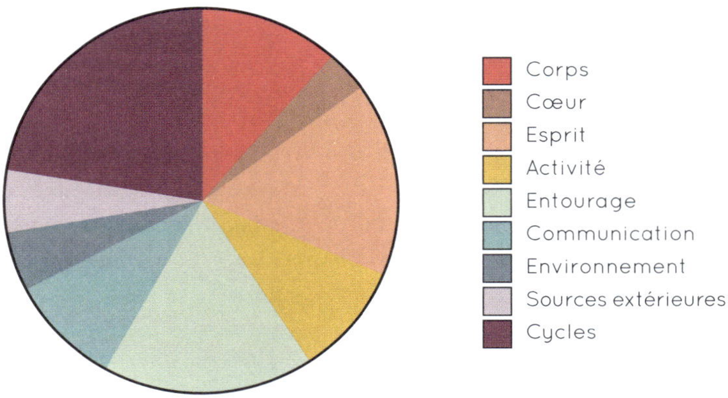

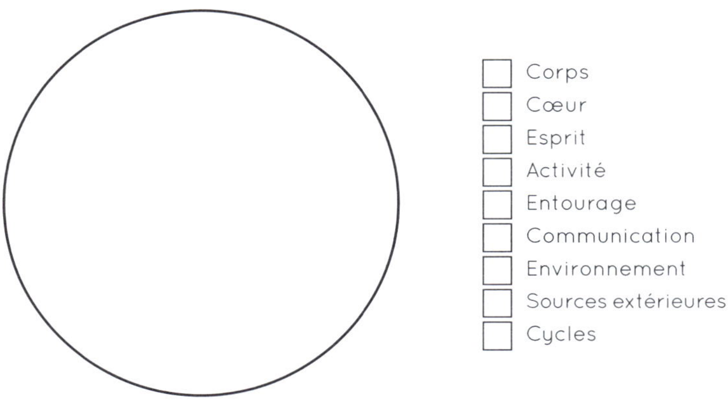

"N" POUR Nettoyer

Dans ce travail d'observation des postes d'utilisation de ton énergie, tu t'apercevras peut-être que les transports t'épuisent, que ton collègue te vide, etc. Il t'appartiendra alors de te positionner et de faire des choix justes pour te permettre de rester dans une qualité vibratoire qui te convienne. Selon les cas, il te faudra assainir le système plus ou moins en profondeur, afin de rétablir ton niveau énergétique.

Pour obtenir des résultats différents, il faut agir différemment, et cela implique de t'engager envers toi-même. Cependant, tout n'est pas à modifier ou à travailler ; il te suffit parfois d'accepter, de lâcher la résistance pour que la circulation s'effectue de nouveau, car ce sont les blocages et les incohérences qui sont le plus énergivores. Par exemple, une baisse d'énergie au changement de saison est normale ; tu n'as pas à être optimal tout le temps, et tu peux parfaitement créer en amont les meilleures conditions possible. Attention au culte de la performance, cela est de l'irrespect envers toi-même.

Voyons à présent quelques astuces pour nettoyer en fonction des domaines identifiés.

Ton corps

Apprends à respecter tes besoins en matière de sommeil, d'alimentation et d'activité. Cesse aussi de te trouver des excuses, il s'agit de toi, de ton équilibre, de ta santé. Ton corps est ton unique véhicule et personne ne peut veiller sur lui à ta place.

Ne pas prendre soin de soi est la première source de déséquilibre, mais cela fait souvent pendant à d'autres dérèglements (trop de travail, par exemple). Questionner ton corps afin de rétablir en lui une certaine harmonie va te demander d'observer la place que tu lui accordes dans ton rythme de vie, puis ce qui se joue d'émotions et de croyances. Pourquoi ne te mets-tu pas au sport ? Ne t'en juges-tu pas capable ? As-tu imaginé que c'était dur et compliqué ? Pourquoi manges-tu plus que de raison, sont-ce tes émotions que tu ingères ? Sois honnête et, au besoin, fais-toi aider.

Ensuite, attache-toi à nourrir ton organisme un peu plus respectueusement. Si le fait de bouleverser tes habitudes t'angoisse un peu, fixe-toi un programme test pour quinze jours. Organise-toi, réfléchis à la meilleure manière de procéder – te lever plus tôt, préparer les repas pour la semaine, laisser les enfants chez la nourrice une heure supplémentaire, alterner avec ton ou ta conjoint(e), revoir ton trajet pour te rendre au travail, etc. Garde à l'esprit qu'il te faudra sûrement ajuster, et c'est OK, mais dans un premier temps, essaie. Puis valorise pleinement les bénéfices obtenus. Ne mérites-tu pas cela tout le temps ?

Ton cœur et tes émotions

Nous avons davantage tendance à les faire taire qu'à les accueillir, pourtant, nos émotions sont source de nombreuses informations. En nous renseignant sur notre état intérieur, elles nous permettent de rester à l'écoute de nous-mêmes et d'accorder nos positionnements, mais aussi d'entamer une voie de guérison. Contenir ses émotions mobilise une énergie considérable. Le problème, c'est qu'elles ne sont jamais vraiment jugulées et qu'elles trouvent toujours d'autres moyens d'expression, car leur message est celui qui favorise le maintien de l'équilibre, il est essentiel. Ainsi, une colère réprimée réapparaîtra potentiellement sous la forme d'une déprime ou d'un ulcère.

Donc, plutôt que d'agir dans l'excès en refrénant ta vie émotionnelle ou en la laissant au contraire exploser à tout-va, mieux vaut apprendre à « tirer le fil » : partant de ce symptôme d'une part de l'être qu'est l'émotion, remonter doucement par le questionnement jusqu'à ce qui appelle un soin pour lui permettre de s'exprimer, en prendre conscience, et trouver l'apaisement.

Tendre l'oreille, interroger, accueillir et reconnaître. Pour cela, je te propose d'utiliser le guidage que nous avons déjà exploré page 82 : le dialogue intérieur.

Ton esprit et ton mental

Les origines de la mécanique emballée de ton mental peuvent être diverses. Une pensée qui tourne en boucle est en général attachée à une charge émotionnelle dont le signal n'a pas été traité. Le jugement, lui, est habituellement une supposition : par tes expériences, la société, ton héritage, tu ériges des opinions qui te permettent de te positionner dans le monde. Les croyances, qui se forgent par des mécanismes similaires, sont nécessaires, bien qu'elles soient souvent limitantes. Elles sont en principe liées à une expérience passée que tu sais révolue, mais c'est ainsi. Tu peux d'ailleurs en reconnaître l'absurdité, mais elles sont là quand même.

Pour nettoyer ton mental, commence par faire le tri entre ce qui est de l'ordre de la pensée parasite (associée à un ressenti), du jugement (qui délimite d'ordinaire le bien et le mal) et de la croyance (relative à ton expérience, à ton héritage ou au milieu social). Identifier les choses pour ce qu'elles sont et les remettre à leur place est un premier pas vers la prise de conscience, qui te permet de te libérer psychiquement.

Ton activité

Dans quelle mesure te sens-tu frustré de ne pas passer assez de temps avec ta famille ou tes amis ? Dans quelle mesure as-tu la sensation de ne pas travailler assez ou, inversement, de trop t'investir dans ton activité ? Dans quelle mesure as-tu l'impression que ta vie professionnelle et ta vie personnelle sont trop imbriquées ?...

Commence par évaluer ton rythme journalier : combien de temps réserves-tu à l'aspect pro, à tes occupations perso ? Est-ce un temps de qualité ? Quand tu es avec tes proches, y es-tu à 100 % ou as-tu encore la tête au travail, et inversement ?

À partir de là, pose des limites, de vraies limites avec des horaires et des refus, et, même si ce n'est pas facile, assume tes choix. N'oublie pas que tu ne dois pas donner à ton métier plus que ce que tu en reçois ; c'est un échange de valeurs. La reconnaissance ou l'estime ne viennent pas avec le sacrifice, ni à ton patron, ni à ton entourage. Interroge ton intention implicite : pourquoi accordes-tu tant ou pas assez d'importance à ton activité professionnelle, à ta vie personnelle ? En fonction de ton parcours de vie, tu tomberas sur des croyances ou des émotions : traite-les comme indiqué dans les chapitres concernés. Il est absolument essentiel de ne pas te résumer à ton travail, autant que d'être dans une posture juste dans le cercle familial.

L'entourage

Là aussi, il est question de limites, car nos interactions avec autrui sont rarement saines. Bien souvent, nous empiétons sur son territoire ou nous le laissons grignoter le nôtre. Pour te parler de ta relation à ton entourage, je vais m'appuyer sur le modèle cellulaire : tu es comme une cellule dont le potentiel réside en son centre. Ce potentiel a besoin d'être nourri pour se déployer, au sein d'un périmètre délimité par une membrane. Dans une interaction équilibrée, les membranes se touchent, mais chacun reste chez soi, c'est une symbiose juste. Malheureusement, il existe d'autres types de relations qui ne sont pas aussi mesurés. C'est le cas lorsque tu portes ce qui ne t'appartient pas : non seulement tu t'alourdis, mais tu prives l'autre d'une part de son pouvoir personnel, car tant que c'est toi qui prends les choses en main, il n'apprend pas. À l'inverse, si tu le laisses venir chez toi, tu perds de ta souveraineté et lui, de sa liberté.

Ainsi, pour épurer tes rapports avec tes interlocuteurs, je t'invite à faire en sorte que chacun soit chez soi. Reprends ton pouvoir et dis-toi que cesser de porter les charges d'autrui n'est pas l'abandonner, mais lui permettre de maîtriser de nouveau sa vie, lui restituer de l'autonomie. Observe dans tes interactions les endroits où l'échange est déséquilibré et remets de l'ordre. Apprends à définir ta limite dans le respect de l'autre.

La communication

Sur la question de la communication, il convient de distinguer celle que tu mènes avec toi-même de celle que tu entreprends avec autrui.

Tu pourras t'apercevoir que tu ne te parles pas toujours très bien. Or, les mots désobligeants que tu t'adresses s'impriment sur ton corps, ton esprit et ton cœur, ils agissent comme un poison que tu distilles. Sois attentif à modifier ta sémantique, sans pour autant revoir le fond du discours si tu n'es pas prêt, mais apporte au moins de la neutralité, de la nuance. Au lieu de te dire : « Ah ! je suis vraiment trop nul ! », commence par « parfois, je ne suis pas au top ». Puis, petit à petit, viens-en à mettre de l'humour : « Ah, bah, bravo ! » Et enfin, de la bienveillance : « Tu feras mieux la prochaine fois. » Ton discours intérieur est véritablement créateur, car il conditionne tes croyances et la façon dont tu te penses (in)capable, il pose tes limites. Alors, sois-y vigilant et tente progressivement de l'adoucir.

Dans ton rapport à autrui, observe la manière dont tu t'exprimes et ce que tu exprimes – quel est ton rapport à ta vérité, comment tu la transmets, tu l'imposes, tu la tais… Demande-toi ce que tu révèles de toi-même et pourquoi. Questionne toujours et sans relâche, c'est une clé immuable dont il te faut user sans condition, c'est ce qui te permet de rester en mouvement. Cela t'aidera à identifier ce que tu retiens, mais aussi ce que tu revendiques, car dans un cas comme dans l'autre, c'est qu'il y a quelque chose qui coince. Ce qui se conçoit bien s'énonce clairement, et on ne revendique que ce qui n'est pas acquis. Bien souvent, le point de départ est d'apprendre à faire silence en soi pour écouter l'être et ce que ses profondeurs ont à dire.

L'environnement

« Montre-moi où tu habites, je te dirai qui tu es », dit l'adage. Eh bien, c'est exactement ça ! La façon dont tu traites ton lieu de vie, c'est aussi la façon dont tu te traites ; le soin que tu lui apportes (ou pas) est ce que tu t'offres. Toutes les poussières et les salissures sont autant d'énergies usagées qui s'accumulent. Donc, avant toute chose, entretiens-le, frotte, récure !

Ensuite, trie. Nous entassons beaucoup, au cas où, parce que nous n'arrivons pas à nous détacher du souvenir associé à un objet, etc. Mais comment veux-tu accueillir si l'espace est déjà encombré ? Fais place nette pour la nouveauté et l'abondance. Sors de tes placards tout ce que tu n'utilises pas, puis constitue trois piles : « À donner », « À jeter », « Je ne sais pas ». Pour les deux premières catégories, fastoche ; en revanche, pour la dernière, demande-toi pourquoi tu ne parviens pas à te séparer de ces affaires. Est-ce par sentimentalisme ? Est-ce un espoir que tu nourris (comme avec ce jean dans lequel tu n'entres plus) ?

Pour tout ce qui a trait aux souvenirs, ouvre un carnet afin de les y consigner, ajoute des photos, un morceau de l'objet auquel tu tiens (si tu le peux) et jette ce dernier pour ne conserver que le calepin. Si c'est un espoir qui te rend hésitant, fais des choix en conscience : soit tu capitules parce que jamais plus tu n'entreras dans ce jean, et tu t'en débarrasses, soit tu l'accroches à côté de ton miroir et tu te mets au sport pour de bon. Procède ainsi pour chaque chose. Tu verras, ça fait un bien fou !

Dans tous les cas, dis-toi que tout ce que tu accumules vibre et que ces énergies dont tu es entouré influent sur toi. Offre-toi de renouveler la vibration de ton lieu de vie et laisse le passé pour ce qu'il est. Cela implique de renoncer, mais renoncer, c'est énoncer de nouveau, le choix te permettra d'écrire un nouveau chapitre.

Les cycles

L'écoute et le respect des cycles sont des clés essentielles. Nous ne sommes pas faits pour être linéaires, pour exécuter les mêmes tâches toute la journée ou toute l'année, parce que nos capacités physiologiques et cognitives varient selon les moments de la journée ou les périodes de l'année. Tenter d'être performant à chaque instant est illusoire, mais surtout contre-productif et toxique, c'est une contrainte permanente qui épuise littéralement notre potentiel énergétique. Ainsi, fais preuve de bon sens et écoute-toi. Lorsque tu ressens dans la journée que tu es en train de te contraindre, questionne en toi : « De quoi ai-je envie ? De quoi est-ce que je me sens capable ? » À partir de là, tu identifieras quelles activités sont les plus appropriées à une heure donnée. Par exemple, nous sommes plus aptes à la réflexion le matin, plus en forme pour le sport l'après-midi. Petit à petit, adapte ton rythme et tes occupations en fonction de ce qui est juste pour toi.

Idem au fil des mois. Tu n'auras pas la même acuité l'hiver et l'été, c'est inévitable. Dans notre société, il est compliqué de respecter ces phases, mais tu peux amorcer un travail d'accueil et d'acceptation : oui, il y a des périodes plus introspectives, plus lentes que d'autres, et c'est OK, c'est aussi nécessaire, alors sors de la contrainte. Organise-toi si tu le peux, et essaie de rester dans l'écoute de tes possibles à chaque instant – plus tu vas te contraindre, plus tu vas faire des nœuds.

Les sources extérieures

Là aussi, il va te falloir faire un bon tri ! Nous sommes soumis à un nombre incalculable d'informations à longueur de journée, il est donc essentiel de filtrer ce qui te parvient, entre ce qui est nourrissant et ce qui est toxique. Les réseaux sociaux, en particulier, drainent quantité d'agents anxiogènes et dévalorisants. Il ne tient qu'à toi de ne plus suivre les comptes ou de désactiver leurs notifications. Détourne-toi également du site d'infos qui te bombarde de mauvaises nouvelles, de celui dédié au fitness, qui te renvoie une image dépréciative, ou au « développement personnel », culpabilisant. Non que tu doives te mettre à faire l'autruche, mais il est primordial, pour la qualité de ton énergie, que tu sélectionnes les émotions, les sentiments et les pensées qui te parviennent et que tu émets en regardant ces sources informatives, car elles participent à la création de ta réalité. Si chaque fois que tu prends ton Smartphone tu te sens coupable, c'est que tu génères cette mauvaise conscience, et qu'il te faut effectuer des choix.

Lorsque tu fais défiler ton fil d'actualités, demande-toi, face à chaque publication, comment tu te sens. Ne garde que ce qui te nourrit, ce qui t'apaise et te motive.

"I" POUR *Informer*

Tu as pris conscience de ce qui atteint la qualité de ton énergie, et tu as procédé à un travail de purification pour créer de l'espace. Il te faut maintenant apporter des informations nouvelles, en vue de reprogrammer les différents domaines. Cela va te demander d'agir, c'est sûr, mais vas-y étape par étape, sois bienveillant, doux et toujours à l'écoute de ce qui se passe en toi, de la façon dont tu évolues. Ce sont des sources intérieures d'information dont tu peux suivre le fil, afin de comprendre et d'œuvrer à l'extérieur. Tout part de toi. Pour in-former (mettre en forme), tu vas donc devoir choisir et te mettre en mouvement. Rappelle-toi que c'est l'information qui fait passer le potentiel énergétique à la réalité matérielle ; par conséquent, celle que tu vas implanter est cruciale pour ton pouvoir créateur. Voici quelques pistes.

Ton corps

Sans ton corps, tu ne serais pas. Il est ton véhicule, ton support et ton média, ses ressources sont infinies si tant est que tu en prennes soin. Je te propose de modifier un peu les informations avec lesquelles tu communiques avec lui et de le remettre en première ligne.

Chaque soir, pose-toi et demande-toi ce qui a été chouette dans la journée, ce qui t'a fait du bien, puis mets-le en lien avec ton corps. Par exemple, tes oreilles t'ont permis d'entendre de la musique ; ta peau, de sentir le soleil ; ta bouche, de goûter ton déjeuner, etc.

Apporte-lui la bonne variété de nutriments et d'informations, et remercie-le – il le mérite bien.

Ton cœur et tes émotions

Dès lors que tu as perçu ce que recouvraient tes émotions, elles cessent d'entraver la circulation de l'énergie. Les informations qu'elles véhiculent rendent alors possibles plusieurs actions :

Lorsque tu as compris ce qui se joue, tu deviens capable d'exprimer non pas le symptôme, mais son origine. Tu parviens à dire « je me sens frustré », par exemple, plutôt que de crier de colère. C'est une information très différente que reçoit ton interlocuteur, qui lui donne l'occasion de t'accueillir tout autrement.

La communication avec toi-même en est facilitée, car cette émotion n'était pas là pour rien, elle t'a enseigné des choses. Tu peux ainsi envisager de te la pardonner ou bien tu peux écrire à la part de toi-même qui s'est exprimée par son intermédiaire.

L'émotion reviendra si tu ne modifies pas le comportement qui l'a provoquée. Tu peux non seulement valoriser ce qu'elle t'a révélé, en ajustant ton positionnement, mais aussi la remercier pour cet apprentissage.

Ton esprit et ton mental

Puisque tu as défini ce qui relevait de la pensée, de la croyance et du jugement, tu vas pouvoir reformater le disque et intégrer de nouvelles informations.

Dans le cas de la pensée parasite, le problème, c'est l'émotion à laquelle elle est attachée. Donc, procède comme pour une émotion et tire le fil. Au passage, cette astuce de tirer le fil fonctionne vraiment bien pour à peu près tout ce qui te traverse, n'hésite pas à en user et à en abuser.

Pour ce qui est du jugement, demande-toi s'il est bon, juste et utile (filtres de Socrate). En fonction de ton questionnement, ajuste et lâche prise.

Quant à la croyance, si elle s'est forgée, c'est qu'elle a été utile à un moment donné. Tu ne te réveilles pas un matin en te disant : « Tiens, je vais acquérir la croyance que je ne suis pas capable, ça va être fun… » Non ! Elle a été nécessaire à ta survie à un instant T, mais ce temps est révolu, et cette conviction constitue probablement maintenant une entrave. Il faut accepter ce qui a été, le laisser aller et le remplacer. Pour cela, deux choses : prends conscience des ressources que cette croyance a exigées de toi. « Je ne suis pas capable » t'a demandé soit d'apprendre l'art de l'esquive soit de devenir un travailleur acharné. Dans les deux cas, tu as acquis une compétence, tu peux donc remercier ta croyance pour la valeur ajoutée qu'elle t'a permis de développer. Ensuite, tu peux travailler à inverser, c'est-à-dire construire une affirmation du type « même si…, j'accepte ». Là aussi, ne t'en prive pas et module, il faut que ça résonne. Ne nie jamais ce qui est là, fais preuve de bienveillance ; tu ne détruis pas le système, tu hackes le code dans le sens juste pour toi. Tout ce qui est en présence est un appui et un outil de compréhension.

Ton activité

Afin de compartimenter vie privée et vie active, il te faut réinformer, mais surtout valider par l'expérience. Pour être productif, centré dans l'action juste et inspiré, tu dois nourrir l'être que tu es, c'est ce qui fait la différence. Cependant, être soi à tout moment implique de s'accorder du temps, quel que soit ce que tu aimes en faire. À toi de fixer ces pauses et de les valoriser. Connecte le corps, le cœur et l'esprit, et imprime la façon dont tu te sens, le résultat de l'action. Observes-en aussi les impacts. N'es-tu pas plus alerte après ce week-end de totale déconnexion ? Plus enthousiaste, à présent que tu as eu cette conversation avec ton ou ta chéri(e) ? Bien qu'il faille définir un cadre dans la durée comme dans le rythme de ces instants à soi, dans l'absolu, il n'y a pas de frontière entre le toi perso et le toi pro ; le lien, c'est l'être que tu es. Agis selon ce qui est bon pour toi, afin d'être optimal. Plus tu seras nourri, plus tu seras aligné et plus tu pourras être dans le *flow*, donc plus efficace. Développe tes sources de plaisir et mets de la joie dans les choses. Tant que tu es dans la contrainte, tu perds en alignement, c'est-à-dire en créativité et en productivité.

L'entourage

Lorsque tu auras appris à rester sur ton territoire et à rendre le sien à l'autre, sans doute y aura-t-il un peu plus d'espace que d'habitude, qu'il va falloir te réapproprier. C'est une belle occasion de te remettre au centre de ton monde et de t'apporter ce qui est nécessaire, de valoriser les apprentissages occasionnés autant que les gains – d'autonomie, de liberté, de légèreté. Développe cela avec douceur, joie et bienveillance. Prends aussi le temps de noter ce qui se produit chez tes interlocuteurs. Il est probable que dans un premier temps ils résistent, mais une fois qu'ils auront accepté la situation, chacun pourra se mettre en mouvement. Tu verras que cela suscitera chez tout le monde de l'indulgence, mais surtout que cela ouvrira des voies d'évolution.

La communication

Apprendre à dire ce qui est juste pour toi, dans le temps juste, crée de l'espace et favorise un réel alignement. Tu redeviens alors maître de la circulation de l'information en toi et à l'extérieur de toi.

La communication est l'un des médias d'expression de l'être qui contribuent à nourrir l'estime de soi. Lorsqu'on s'exprime, on a l'impression d'être soi-même ou d'agir pour soi : on se valorise assez, on s'accorde assez de légitimité pour ne pas s'encombrer de non-dits et oser oraliser ce que nous sommes, ce que nous ressentons et ce que nous pensons. Formuler ce qui te pèse te permet de savoir que tu es capable de te protéger, de te respecter et de te faire respecter.

En alignant tes actes sur ce qu'il y a dans ton esprit ou dans ton cœur, tu fais également preuve d'une forme de création. Ainsi, tu peux porter ton attention sur la façon dont ton estime va se modifier et dont ton état de cohérence va évoluer. Connecte le ressenti et imprime-le.

Verbaliser te permet d'autre part de transmettre de l'information à ton interlocuteur, afin de l'aider à recevoir. Souvent, nous n'osons pas dire, car nous prêtons à autrui des réactions plus ou moins hostiles, mais cela ne traduit que la peur du jugement. Se dire, c'est se donner l'occasion d'être accueilli dès lors que l'on fait suffisamment confiance à l'autre pour être capable de nous surprendre, que l'on relâche le jugement que l'on a de soi et que l'on transfère sur l'autre.

L'environnement

Une fois que tu as créé de l'espace chez toi et que tu y as apporté un peu de propreté, tu peux reprogrammer l'information de ton lieu de vie pour qu'il devienne une source d'énergie saine. Pour cela, penche-toi sur les notions de *feng shui*. Trace un plan de chez toi et indiques-y le nord (tu peux télécharger une boussole sur ton téléphone intelligent), ensuite, identifie le centre de ton habitation : soit elle a une forme géométrique qui te permet de le déterminer facilement, soit c'est alambiqué, auquel cas tu colles ton plan sur un papier cartonné que tu poses sur une aiguille ou un petit clou pour trouver le point d'équilibre qui marque le centre.

Une fois ces éléments repérés, trace un *pa kua* comme celui-ci sur un calque et superpose-le à ton plan en faisant correspondre le milieu et le nord, afin de délimiter tes secteurs géographiques. Puis reporte-toi aux infos ci-dessous pour identifier les zones et savoir comment les activer par les couleurs, les formes[29]... Tu peux aussi nourrir ou contrôler les éléments avec les cycles nourriciers ou d'inhibition que nous avons vus.

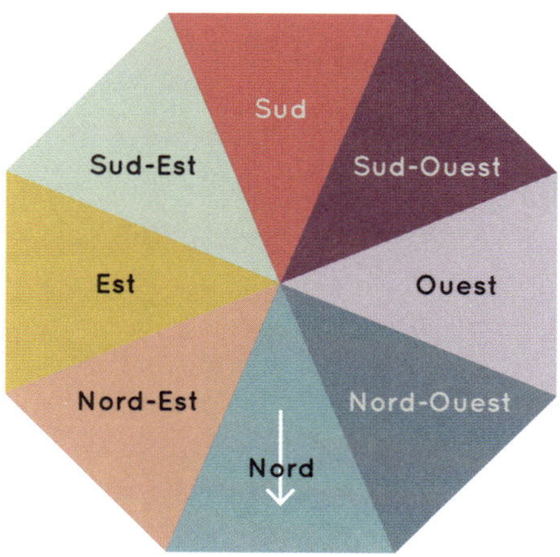

Secteur nord-ouest
Élément : métal.
Couleurs : blanc, gris, argenté.
Formes : rond, ovale.
Domaine : aides extérieures.
Pierre : turquoise.

Secteur ouest
Élément : métal.
Couleurs : blanc, gris, argenté.
Formes : rond, ovale.
Domaines : famille, enfants.
Pierre : hématite.

Secteur sud-ouest
Élément : terre.
Couleurs : sable, ocre, rose, rouge.
Forme : rectangle horizontal.
Domaines : amour, couple.
Pierre : quartz rose.

Secteur sud
Élément : feu.
Couleurs : rouge, orange, jaune.
Forme : –
Domaine : reconnaissance sociale.
Pierre : calcite orange.

Secteur nord
Élément : eau.
Couleur : bleu.
Formes : ondulées.
Domaines : travail, carrière.
Pierre : tourmaline.

Secteur nord-est
Élément : terre.
Couleurs : sable, ocre, rose, rouge.
Forme : rectangle horizontal.
Domaines : éducation, connaissance.
Pierre : œil-de-tigre.

Secteur est
Élément : bois.
Couleur : vert.
Forme : rectangle vertical.
Domaines : santé, famille.
Pierre : jade vert.

Secteur sud-est
Élément : bois.
Couleur : vert.
Forme : rectangle vertical.
Domaine : prospérité.
Pierre : citrine.

Tu peux procéder à l'identique, en matière de tri et d'aménagement, dans tous les lieux que tu es amené à fréquenter ou les charger de ton énergie par quelques objets, cristaux, plantes.

Les cycles

Sois attentif à respecter les cycles pour préserver ton équilibre et ta santé. Tu peux, à chaque changement de saison, soutenir ton corps en alimentant l'élément qui va entrer en action et en détoxifiant celui qui vient de finir. Dès lors que tu l'informes de la bascule, il s'adaptera en douceur. Tu as plusieurs options, ainsi que nous l'avons vu. Tout au long de la journée, tu peux également lui donner ce qui est bon pour lui en fonction de l'heure et des organes qui travaillent.

Les sources extérieures

Normalement, ton fil sur les réseaux sociaux est déjà un peu plus *clean* et plus apaisant, voire motivant ; cependant, si tu t'es intéressé à ces comptes qui ont fini par te polluer, c'est qu'il y avait là un désir ou l'amorce d'un choix. Que dirais-tu de réaliser ces désirs ou de faire aboutir ce(s) choix ? Cela implique de modifier les canaux. Au lieu de suivre des sites d'infos assaillants, abonne-toi à un journal qui te plaît ; au lieu de suivre des *fit girls* à la pelle, inscris-toi à un programme de remise en forme ; au lieu de suivre des coachs, entame un travail. Va au bout des choix que ces abonnements aux réseaux ont signifié ou ébauché. Si tu ne le peux pas, questionne, pars des émotions que cela t'évoque ou des croyances qui s'activent et mets en œuvre les protocoles correspondants. Rien n'est inaccessible ou impossible, et le questionnement est ce qui t'amènera aux solutions et à un taux vibratoire cohérent avec celles-ci. Mais surtout, arrête de nourrir des émotions négatives et mets-toi en marche.

La discipline énergétique

En outre, bien que ces voies soient essentielles et indispensables au maintien et à l'entretien de ton énergie, tu peux aussi t'informer directement en prenant soin de tes chakras ou de l'équilibre des éléments, en intégrant à ton quotidien les pratiques que nous avons abordées dans la deuxième partie de l'ouvrage.

Cela peut devenir des points de repère, de nettoyage, de nourriture, d'information. La conscience est ce qui soutient le mouvement, alors, n'hésite pas à privilégier tout ce qui fortifie cette conscience de l'être et de ta présence. L'oreille s'aiguise à mesure qu'elle écoute, utilise ces techniques pour affûter ton sens perceptif et redevenir sentient.

La discipline n'implique que la notion d'entraînement et de répétition. Accomplis les choses en douceur et à ton rythme, dans la mesure juste qui te permettra d'en faire des habitudes.

"R" POUR
Relier (et rayonner)

Maintenir un taux vibratoire élevé et une énergie optimale réside dans l'alignement de la trinité corps-cœur-esprit, dans le lien entre chaque sphère. Cette connexion implique pour toi un état d'écoute constant.

Questionne

Tu l'as compris, le questionnement est une clé fondamentale. Relier le corps, le cœur et l'esprit nécessite donc de sonder sans relâche. Pourquoi ? D'où ça vient ? Qu'est-ce que ça t'indique ? Sors du jugement, dis-toi que rien n'est bon ni mauvais, mais que chaque situation doit être vécue comme un outil, une voie d'évolution. Place-toi dans une posture d'accueil à bras ouverts, du meilleur comme du pire.

Pour chaque chose que tu vas entreprendre, ressentir, penser... interroge toujours la manière dont tu te sens dans ton corps, ton cœur et ton esprit, identifie et nomme. Et en fonction de ce qui émergera, apporte les ajustements. C'est le ressenti qui te guide et la conscience qui éclaire ton chemin.

Purifie

C'est la qualité de l'état d'être qui fera la qualité de l'énergie. Le travail vers soi est celui d'une vie, nous évoluons sans cesse et sans cesse nous devons moduler, questionner et épurer pour maintenir l'équilibre.

Adopte des pratiques comme l'ancrage quotidien ou la purification de tes CCEU pour favoriser un état stable et, bien sûr, prends soin de toi.

Nourris-toi avec rigueur

Ne transige pas sur tes besoins (tant physiologiques qu'individuels) ni sur la qualité de ce qui t'entoure et te parvient. Tu as le droit au meilleur, alors, accorde-toi uniquement cela. Tiens compte du principe de réalité et tends vers le mieux.

Développe-toi

Il n'y a d'autres limites que celles que tu t'imposes. Sois curieux, vas-y, demande-toi : « Pourquoi pas ? » Tu n'échoues jamais, tu apprends, encore et toujours, et ça, c'est plus précieux que tout. La connaissance est primordiale, si tu méconnais le système dont tu es fait et dans lequel tu évolues, alors le pouvoir reste dans les mains de ceux qui savent. Tu dois acquérir et maîtriser les savoirs fondamentaux pour manifester de nouveau ton pouvoir et prendre soin de toutes les sphères de ton être. Connaître, c'est « naître avec », exerce-toi avec joie. Quelle que soit la technique que tu choisis, ne cesse jamais d'être en mouvement. Tu as de quoi explorer ton système énergétique par toutes les pratiques transmises, alors vas-y, développe tes chakras et équilibre tes éléments.

Aligne-toi

D'une façon générale, imagine que le corps, le cœur et l'esprit sont les trois morceaux d'un canal vertical dans lequel va circuler l'énergie. Ils doivent être alignés pour que le mouvement soit possible. Lorsque le corps n'est pas soigné, que le cœur est muselé et que l'esprit est encombré, ils se désaxent. Sois donc toujours dans l'écoute de ce qui agit, de ce qui vibre, de ce qui appelle, pour qu'ainsi l'âme puisse s'exprimer et l'énergie, te nourrir.

Engage-toi !

N'attends pas de solution extérieure, car tout repose en toi. Prends conscience de ton pouvoir et de l'absence de limites, purifie chaque parcelle, et vibre.

À partir de l'état d'alignement et de pureté, les pratiques deviendront vraiment efficientes. Sois à l'écoute, tu as en main nombre d'outils et de grilles de lecture, engage-toi envers toi-même, sois complet, et tu seras puissant.

Dans cette trinité alignée, tu verras ta perception évoluer, ton intuition s'aiguiser, tu te sentiras faire partie du monde et le monde faire partie de toi, tu pourras diffuser et transmettre.

Vibre !

Explore cette nature vibratoire, aiguise ton ressenti, l'écoute de ton corps, pratique le yoga, la méditation ou d'autres disciplines qui te connectent à cette nature vibrante. Prends soin de ce que tu reçois comme de ce que tu émets, et tu verras que ta réalité changera, parfois dans des proportions que tu n'imagines pas. Prends le temps de relire et de mesurer, tout est en interaction et tout s'influence, c'est vertigineux. Laisse-toi aller à cette globalité en nourrissant au mieux ton individualité, sois une antenne de qualité, un relais bienveillant. Choisis ta fréquence, entretiens-la et vibre-la du plus fort que tu peux, c'est cela qui transformera ton monde et le monde.

Rayonne !

Tu as un impact sur toi-même et sur le monde, c'est ta nature d'être vibratoire, commence donc par cultiver cette nature en toi et transmets, partage. Tu ne peux pas inciter les personnes à agir ni le monde à changer ; en revanche, tu peux être le changement que tu veux voir et rayonner assez pour donner envie aux autres de rayonner aussi, pour leur ouvrir la voie, leur montrer que c'est possible. Tu peux être et transmettre, c'est tout, et c'est déjà énorme.

Relier, c'est faire communiquer tes différents pôles, les écouter et les cultiver.

C'est ainsi créer un état d'alignement qui nécessite d'être toujours ajusté.

C'est, à partir de cet alignement, vibrer, laisser entrer la lumière et diffuser juste en étant, en mettant l'être au centre. De là découleront tous les faire. Tu verras qu'il n'y a rien à faire qu'à laisser faire. L'action n'est que la conséquence de l'existence de l'être.

Le travail sur ton énergie est un véritable mode de vie, une attention de tous les instants. Il ne réside pas dans un soin ou dans une méditation, tout y participe, car tout est interdépendant. Aie conscience de cet état de connexion universelle et prends-en soin.

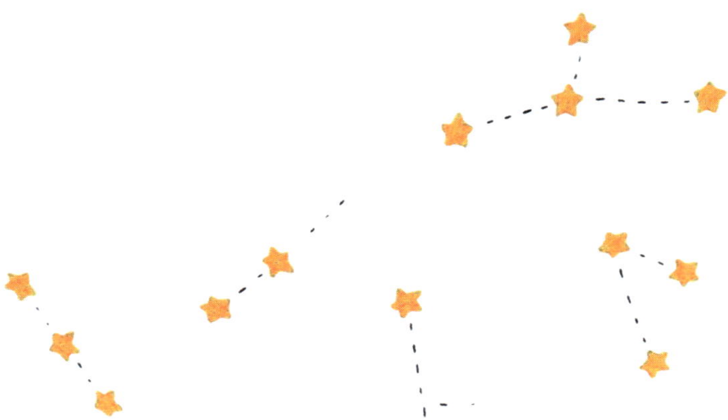

En résumé

<table>
<tr><th>Unir</th><th>Utiliser</th><th>Nettoyer</th><th>Informer</th><th>Relier</th></tr>
<tr><td>Corps</td><td rowspan="3">Pour chaque domaine, indique le pourcentage d'utilisation que tu as défini.</td><td>★ Identifier tes besoins et y répondre.
★ Questionner ce qui résiste.</td><td>★ Mettre en place des routines.
★ Faire preuve de gratitude.</td><td rowspan="3">→ Questionne sans cesse.
→ Purifie constamment.
→ Nourris-toi avec rigueur.
→ Développe tes connaissances et tes compétences.</td></tr>
<tr><td>Cœur</td><td>★ Tirer le fil de tes émotions avec le dialogue intérieur.</td><td>★ Exprimer à soi et à l'autre.
★ Pardonner.
★ Valoriser les apprentissages</td></tr>
<tr><td>Esprit</td><td>★ Identifier jugements, pensées et croyances.
★ En devenir conscient.</td><td>★ Tirer le fil.
★ Utiliser les filtres de Socrate.
★ Inverser avec des affirmations.</td></tr>
</table>

En résumé

Unir	Utiliser	Nettoyer	Informer	Relier
Activité	Pour chaque domaine, indique le pourcentage d'utilisation que tu as défini.	★ Mesurer l'équilibre pro-perso, le rythme. ★ Questionner et poser des limites.	★ Nourrir l'être. ★ Valider par l'expérience.	Pratique ! → Aligne-toi, nourris la cohérence corps-cœur-esprit. → Engage-toi, prends ta responsabilité, va au-dedans.
Entourage		★ Identifier les interactions toxiques. ★ Prendre conscience de ce que tu portes ou que tu laisses porter.	★ Reprendre possession de ton territoire. ★ Rendre le sien à l'autre.	
Communication		★ Observer ce que tu exprimes et comment tu l'exprimes. ★ Questionner l'adresse à toi-même.	★ Dire pour nourrir l'estime. ★ Informer l'autre. ★ Nourrir la cohérence.	

<table>
<tr><th>Unir</th><th>Utiliser</th><th>Nettoyer</th><th>Informer</th><th>Relier</th></tr>
<tr><td>Environnement</td><td rowspan="3">Pour chaque domaine, indique le pourcentage d'utilisation que tu as défini.</td><td>★ Trier et nettoyer ton espace.
★ Créer de l'espace pour accueillir.</td><td>★ Utiliser le feng shui pour nourrir l'espace.</td><td rowspan="3">→ Vibre, pratique et cultive ta nature vibratoire.
→ Rayonne, sois vibrant et transmets, sois le changement.</td></tr>
<tr><td>Cycles</td><td>★ Identifier tes rythmes et tes possibles selon les cycles.
★ Sortir de la contrainte.</td><td>★ Faire le travail de prévention.
★ Accepter les variations.</td></tr>
<tr><td>Sources extérieures</td><td>★ Trier tout ce qui est source d'émotions négatives.</td><td>★ Mener à bien les choix.
★ Réaliser les désirs.</td></tr>
</table>

HACK

Kaizen et kief

Nous avons accompli l'essentiel du travail, tu possèdes à présent les outils. Je veux simplement te dire un ou deux mots pour achever de te transmettre une posture juste dans ton trajet vers toi-même. Unir les différentes sphères de l'être dans un alignement énergétique va t'amener à questionner et à mettre en mouvement ; pour cela, il va te falloir agir graduellement, comme l'enseigne la philosophie kaizen, pour enfin pouvoir kiffer. Devenir celui ou celle que tu veux être est un cheminement lent et bienveillant. On ne bascule pas du jour au lendemain ; pour un résultat pérenne, le rythme de l'être doit être respecté.

KAIZEN

Le plus important est de t'assurer que tu progresses dans le bon sens et que les transformations se font dans la cohérence et l'approbation générale de l'être. Si tu ne considères pas le système dans son ensemble, tu prends le risque qu'une part résiste. Mieux vaut donc y aller doucement et sûrement – c'est ce que j'appelle la « philosophie du grain de riz », c'est-à-dire à pas comptés.

Travailler à ton déploiement énergétique, c'est œuvrer simultanément à tous les niveaux, car tout est interconnecté. Donc, donne-toi le temps. Évalue les priorités. Il te faudra probablement instaurer des routines, faire des choix, et tu ne peux pas aborder cela en une seule fois. Écoute-toi, porte ton attention au-dedans et interviens sur ce qui se présente dans l'instant. L'énergie est un art de vivre, comme être soi ou être heureux, qui te demandera de déconstruire de nombreuses choses, et cela ne peut être envisageable que dans la durée. Lorsque tu fermeras ce livre, ce ne sera que le début. Mais rien ne presse et ce qui suit devrait t'aider à faire ton chemin en douceur.

1. ÉVALUER LE POINT DE DÉPART

Imagine un baromètre intérieur qui te permette d'évaluer ton degré de bien-être et de vitalité. Pose ton évaluation sur une échelle de 1 à 10 quand tu commences.

2. DÉFINIR L'OBJECTIF ET LES ÉTAPES

Comme tout voyageur, tu dois savoir d'où tu pars, où tu vas et quelles seront les étapes de cette voie d'évolution en toi-même que tu engages. Fixe ton objectif et décompose-le en tout petits paliers. N'aie pas peur d'avancer lentement, choisir et ancrer ces choix dans la réalité n'est pas chose aisée et tout est lié. Pour être sûr de rester dans une dynamique de satisfaction, assure chacun de tes pas.

3. AGIR

Et pour cela, je te propose un dernier acronyme. Tu l'as maintenant compris, le but est de faire appel à l'ensemble de l'être, c'est pourquoi, lorsque tu entreprends des actions, travaille AVEC.

> "A" pour agir.
> "V" pour valoriser.
> "E" pour explorer.
> "C" pour continuer.

"A" POUR AGIR

Développer ton potentiel énergétique va t'amener à adopter un mode de vie un peu différent. Je te l'ai dit : c'est un art de vivre. Ta perception de l'autre, de toi-même et du monde va bouger – c'est tout le paradigme qui se déplacera. Pour t'ancrer dans cette nouvelle réalité, cette perceptivité, et mener à bien ce travail de purification personnelle, il va te falloir inévitablement opérer des choix et intervenir à l'extérieur autant qu'en toi.

Développer ton potentiel énergétique, c'est aussi et avant tout en assumer la responsabilité. Toi seul peux en prendre soin, et même si tes efforts ne se concrétisent pas d'un coup, ce qui importe, c'est de faire.

Définis ce sur quoi tu veux travailler et mène les actions les unes après les autres ; elles sont essentielles, car le cerveau surveille les objectifs que tu te fixes. Si tu ne mets rien en œuvre pour les atteindre, il les assimilera à de l'inconfort ou à de la frustration, et il ne t'aidera pas à y retourner. En revanche, si tu agis, ne serait-ce qu'un peu, il pourra y associer une tonalité positive. Ne juge pas la taille de tes pas ou de tes actions, accomplis-les !

"V" POUR VALORISER

Ton cerveau, encore lui, est conçu pour vérifier que tes actions sont bien en tension vers tes objectifs. C'est pourquoi il est essentiel de faire, certes, mais aussi de valoriser ce que tu ressens, car c'est cela qui va lui permettre d'imprimer, et donc de t'inciter à persévérer.

Prends toujours le temps de porter ton attention sur les trois socles que sont le corps, le cœur et l'esprit. Juste après chaque action, respire un moment et attache-toi à ressentir les sensations que procurent ton corps relâché, ton cœur ouvert et ton esprit calme... Imprègne-toi fort de cela, associe l'action et le ressenti pour enrichir le référentiel de la mémoire et indiquer au cerveau que telle action est source de satisfaction. Gratifie-toi de ce que tu t'offres et mets en relief les bénéfices.

"E" POUR EXPLORER

Si tu découvres le domaine de l'énergétique, à la fin de cet ouvrage, ce sera tout ton paradigme qui aura évolué, et sans doute quelques-unes de tes croyances. Il n'est pas évident de s'ouvrir à tant de possibles, et probablement qu'en toi ça va résister un peu. Tu vas balbutier, chercher, sonder – ce sont des réactions naturelles, tout autant essentielles à l'apprentissage que l'acquisition de connaissances ; aussi, ne crains pas de les accueillir. Elles doivent être mises à l'épreuve de l'expérience pour être intégrées, alors accepte les erreurs, les faux pas comme des voies d'évolution et explore doucement et avec bienveillance. Tu te diriges vers toi-même, vers ton potentiel, autorise-toi cette rencontre. Et même si tu as de bons outils en main, tu ne sauras pas du premier coup. Parfois, ça marchera moins bien, voire pas du tout. Sois indulgent, donne-toi le droit à l'erreur, c'est OK. Ce qui compte, c'est de cheminer. Tout est toujours parfait pour celui qui apprend.

"C" POUR CONTINUER

Là, désolée, mais il n'y a pas de miracle, le seul moyen d'apprendre et d'intégrer, c'est l'entraînement et la répétition.

L'énergétique est une perception du monde, elle ne se limite pas à un *flow* de yoga le matin, c'est un état permanent de conscience ouverte et aiguisée. L'acquérir prend du temps et requiert des ajustements continuels. Et c'est bien cela, le plus grand apprentissage, l'acceptation de l'impermanence, donc la nécessité de faire jusqu'à ce que cela devienne automatique, en tenant compte des étapes de la vie, des cycles.

Maintenir l'équilibre dans un univers en déséquilibre intrinsèque demande de la persévérance autant que du lâcher-prise. Agir, valoriser, explorer, continuer, tel est le cercle vertueux pour y parvenir.

Je te l'ai dit, ce n'est pas un programme magique, c'est un cheminement, il te faut marcher, trébucher, expérimenter et découvrir… encore et encore…

Pour agir, fais AVEC.

- **Agir :** engager les actions nécessaires pour cultiver les sources d'énergie en toi et autour de toi.
- **Valoriser :** valoriser le résultat de chaque action et faire preuve de gratitude envers toi-même.
- **Explorer :** accepter d'être en chemin et d'avoir à expérimenter pour discerner ce qui est juste.
- **Continuer :** c'est par l'entraînement et la répétition que les choses s'intègrent.

4. RÉÉVALUER

Laisse-toi le temps de trouver la formule qui t'est adaptée, d'ancrer les choses en toi et de faire le travail d'observation et d'acceptation lorsque c'est nécessaire. Puis ressors ton baromètre intérieur.

Évalue ton degré de bien-être et de vitalité sur une échelle de 1 à 10 au bout de deux mois. Et ajuste au besoin.

KIEF

Se laisser porter par le *flow* et ne plus rencontrer de résistances, c'est un état de l'être dont chacun rêve. Le travail sur ton système énergétique, tel que je te l'ai proposé, peut t'amener à cela, car il passe par la conscience, la compréhension, la purification et l'alignement. Il te faudra dans un premier temps faire montre de volonté et t'engager afin que chaque chose trouve sa place, pour ensuite n'avoir qu'à ajuster avec douceur et à te laisser aller. Comme dans un jardin : après le gros œuvre – labourer, couper des troncs, déloger des racines, etc. – vient le temps de semer et de regarder grandir ; il ne te reste alors qu'à entretenir, tout en savourant le parfum des fleurs déjà mûries. C'est ce vers quoi tu vas.

Mais pour vraiment kiffer dans ton jardin, rien ne vaut d'y inviter quelques proches et amis. Tu seras confronté à autrui, inévitablement. Or, nous sommes connectés à un inconscient collectif qui perçoit ce genre de cheminement comme dangereux. Il se peut que l'autre, à côté de toi, ne soit pas aidant, qu'il cherche à te retenir. À toi de faire preuve d'assertivité, d'affirmer fermement tes limites et tes choix dans le respect des siens. Il se peut aussi que certaines personnes te proposent des pansements, des recettes miracles. Maintenant que tu sais que tout cela n'est qu'éphémère, tu dois tenir bon et rester honnête, labourer en profondeur et laisser autrui faire ce qui est juste pour lui. Ne te détourne pas de ta route, ne le dissuade pas non plus dans ce qu'il entreprend.

Occupe-toi de toi, purifie, aligne, rayonne et sois confiant, les choses se mettront en place d'elles-mêmes. C'est à l'Univers entier que tu te connectes et il te soutiendra.

Ne cherche pas davantage à imposer ta vérité. Rappelle-toi que seul ce qui n'est pas acquis se revendique. Ce qui est acquis se partage, se transmet, se vit et se vibre. Laisse venir et, lorsque tu sens que c'est ouvert, donne. Accepte que l'autre puisse ne pas être sur la même longueur d'onde que toi, ne pas nourrir le même désir, la même curiosité. Consacre-toi à ce sur quoi tu peux agir et lâche prise sur le reste.

De même que tu as appris à comprendre ce qui se meut en toi, tu peux aussi percevoir ce qui s'agite en l'autre, qu'il active des choses en toi comme tu en actives en lui.

Prends la responsabilité de ce qui t'appartient et laisse-le décider de ce qui lui convient. C'est le mieux que tu puisses faire pour l'un comme pour l'autre, car en agissant à sa place, tu le dépossèdes d'une part de son pouvoir personnel, et ce n'est ni juste ni bon. C'est à lui de trouver son chemin. Tu ne peux pas prétendre savoir ce dont il a besoin.

Le kief, le repos absolu, cet état de l'être plein d'apaisement les yeux ouverts, tient donc autant dans l'assertivité que dans le lâcher-prise. Ce n'est qu'à partir de là, en paix avec toi-même et avec autrui, que tu pourras vraiment commencer à kiffer.

Souvent, nous perdons cela de vue lorsque le regard se détourne ; alors, retourne-toi de temps en temps et mesure le chemin parcouru, d'où tu viens, ce que tu as acquis et appris, pour le savourer. Reste en tension, continue d'explorer, d'avancer, d'évoluer. Rappelle-toi que rien n'est figé dans l'Univers, cale-toi sur ce doux mouvement et mobilise tes ressources pour t'adapter et te laisser aller. Apprends à accepter ce que tu ne peux changer. Prends la mesure de tout ce que tu viens d'assimiler, tu n'as aucune limite, tu es le monde, tu es puissant. Qui que tu sois et d'où que tu viennes, tu portes le divin en toi, ne l'oublie jamais.

Pose-toi et repose-toi, prends le temps, prends le temps de kiffer !

CONCLUSION

Devenir hackeur de ton énergie, c'est t'unir au monde et à toi-même. T'abandonner au doux mouvement de l'Univers, accepter l'impermanence. C'est à la fois avoir une connaissance affûtée de ce qui te fait et une conscience aiguisée de ce qui te lie. C'est entretenir les liants tout en lâchant les liens.

Être un être d'énergie, c'est être un canal au flux de l'esprit universel inhérent à toute chose et à toute parcelle de ton être. Ce canal, tu ne peux le devenir qu'à partir d'un alignement de la trinité corps, cœur et esprit, quelle que soit la porte d'entrée, la grille de lecture.

Devenir hackeur de ton énergie, c'est devenir une partie du monde, bien assis en ton logis intérieur. Ouvrir ta spiritualité en maintenant l'esprit en mouvement, car c'est ce qu'elle est, le mouvement de l'esprit immanent et omniscient.

C'est s'unir, s'ancrer en soi à la juste place entre terre et ciel. Purifier les scories pour laisser entrer la lumière et transcender la pluralité des possibles relatifs à ta réalité.

C'est accepter la dualité pour la dépasser. Tu ne te résumes pas, rien ne peut te résumer. Tu es, de matière certes, et parce que tu es de matière, tu es infini. Cette vibration, elle est en ton sein.

La dualité n'est pas la division, elle est l'union du tangible et de l'indiscernable. Tu n'es ni l'un ni l'autre, tu es le tout, tu es énergie.

Oscille entre la connaissance et l'expérience, fais le va-et-vient entre le savoir et la sentience, entre le *labor* et *l'orator*, et sois le laboratoire de ta divinité pour transmuter. Abandonne les filtres et abandonne-toi à cette confiance si délicieuse que tu es le monde, que tu n'es et ne seras jamais seul. Tu es divin, tu es puissant, tu es ! Et rien que pour cela, tu mérites tout.

Choisis, c'est à cette fin, je crois, que nous sommes dotés de conscience et de libre arbitre. Non pas pour nous enfermer, mais pour comprendre les limites, sonder notre intériorité, toucher le subtil et explorer les frontières. L'intelligence n'est que la capacité de lire au-dedans, sois présent, conscient, sentient, vibrant en mouvement, et ose te déployer !

Élodie T.

OSE
te Déployer

Ose te Déployer, qu'est-ce que c'est ? C'est une voie de développement personnel que j'ai mise au point à mesure de mon propre cheminement et de mon expérience d'accompagnante.

J'ai commencé par le soin énergétique et je me suis vite aperçue que les déséquilibres n'étaient pas résorbés de façon pérenne, et qu'il était nécessaire de réaliser un travail de fond sur la source des symptômes. Tant que leur origine n'est pas traitée, l'être s'exprime en effet sous de multiples voix. Sans avoir le désir de devenir psychologue, j'ai eu envie d'accompagner plus complètement. J'ai donc beaucoup appris et expérimenté pour parvenir à un protocole de travail en trois étapes : prendre conscience, comprendre et se libérer, ce qui ouvre la voie à une quatrième phase, le déploiement de ses possibles.

Ce chemin se fait selon deux piliers essentiels et indissociables : l'apprentissage et l'expérience. « Connais-toi toi-même » et « ose devenir qui tu es » sont les deux mantras sur lesquels repose la méthode Ose te Déployer. Tu dois apprendre, puis expérimenter, pour parvenir à te libérer des entraves ou des dysfonctionnements qui empêchent le déploiement de ton potentiel.

Je suis ainsi, par bien des aspects, une éducatrice thérapeutique, car s'il est une chose que j'ai apprise, c'est qu'il ne réside aucune solution viable qui soit extérieure à soi – tu es la solution, tout est en toi, déjà là, et ne demande qu'à être révélé. Le cœur de mon métier est de te restituer le pouvoir que tu as enfoui en toi, et ce, par la connaissance, car c'est elle qui rend libre : connaître, c'est « naître avec » ; te connaître, c'est renaître à toi-même.

Et c'est ainsi que je vois mon métier : te guider sur un chemin que j'ai moi-même arpenté. Je ne sais pas ce qui est bon et juste pour toi, et ce n'est pas à moi d'en décider. Même si parfois je vois, je sens, c'est ton chemin et tu en es le maître, je ne suis qu'une porteuse de lumière, c'est toi qui progresses. Tu es l'acteur. Le non-savoir et la non-intervention sont précieux pour moi ; je ne détiens aucun pouvoir ni aucune vérité, je te rends simplement ceux dont tu t'es défait, en te transmettant de nombreux outils de compréhension ainsi que des outils pratiques. Le travail avec moi est très proactif. Avec la connaissance vient la responsabilité, c'est à toi et à toi seul qu'il appartient de mener les actions qui te permettront de devenir celui ou celle que tu veux être. J'ai aussi à ma disposition de multiples techniques de soin, que nous explorons en fonction du besoin et de ce qui est là à l'instant de la séance. Je ne travaille que dans le présent.

Ma posture fondamentale est l'accueil et l'amour. La clé, pour moi, est de cesser de combattre, et d'aimer. Aime tes blessures et ainsi tu les apaiseras. Il n'est nulle nécessité de changer, il s'agit d'accepter, d'aimer et de réunifier un être qui s'est divisé au fur et à mesure de son histoire ; le chemin est celui de l'acceptation et de l'unification. Tout a sa raison d'être, il faut plonger, avec pour seul souffle l'amour.

Je vois chaque séance comme un acte militant ; je cherche avant tout à démystifier et à désacraliser en t'amenant à plus de conscience et de paix, en te permettant de reprendre en main ton pouvoir personnel et ton pouvoir créateur, je te permets d'être le changement. « Ose te déployer » est d'abord un *credo*, un hymne. Je ne crois qu'en toi, en moi, en nous. Nous sommes infiniment puissants et nous pouvons tout. Il nous faut juste oser être qui nous sommes, oser nous déployer !

Je suis donc une femme de terrain et je te retrouverai dans la vie avec joie autour des divers événements que je propose, au cours des projets à venir ou sur les réseaux sociaux : Facebook, Instagram et YouTube @osetedeployer. N'hésite pas à me suivre, à me faire partager ton expérience. Je transmets par bien des voies, depuis la séance à la formation en passant par les livres et le virtuel. Tu trouveras sûrement ce qui te convient si tu veux créer du lien. Toutes les informations sont sur mon site ose-te-deployer.com.

À très vite ! Et n'oublie pas : ose te déployer !

NOTES

1. *C'est pas d'l'amour*, 1990.

2. Cf. www.cea.fr/comprendre/Pages/matiere-univers/essentiel-sur-la-matiere.aspx.

3. Cf. https://lejournal.cnrs.fr/infographies/le-tableau-de-mendeleiev-150-ans-dhistoire.

4. Alain Aspect : intrication quantique paradoxe EPR, www.youtube.com/watch?v=A1EoFrCJs1s.

5. Orme-Johnson (D. W.), Alexander (C. N.) et al., « International Peace Project in the Middle East: The Effects of the Maharishi Technology of the Unified Field », *Journal of Conflict Resolution*, 1988, 32(4), 776-812 ; Orme-Johnson (D. W.), Dillbeck (M. C.) et al., « Preventing Terrorism and International Conflict: Effects of Large Assemblies of Participants in the Transcendental Meditation and TM-Sidhi Programs », in Alexander (C. N.), *Transcendental Meditation in Criminal Rehabilitation and Crime Prevention*, Haworth Press, 2003.

6. Cf. https://www.universalis.fr/encyclopedie/theorie-des-champs/1-la-theorie-classique-des-champs.

7. Cf. https://fr.wikipedia.org/wiki/Effet_Stark ; https://fr.wikipedia.org/wiki/Effet_Zeeman.

8. Les travaux réalisés depuis 1991 par l'Institut HeartMath sont accessibles en ligne (https://www.heartmath.org/research/).

9. Cf. https://www.chuv.ch/fr/chuv-home/patients-et-familles/specialites-medicales/atlas-medical-thematique/coeur-et-vaisseaux/systeme-de-conduction ; https://hal.univ-lorraine.fr/tel-01750347/document.

10. Andrew Armour (J.), *Neurocardiology, Anatomical and Functional Principles*, Institute of HeartMath, 2003.

11. Hanson (R.), Mendius (R.), *Le Cerveau de Bouddha*, Pocket, 2013.

12. Cf. https://www.futura-sciences.com/sciences/dossiers/energie-energie-sous-toutes-formes-1876/page/3.

13. Schleip (R.), « Plasticité fasciale, une nouvelle explication neurobiologique », *Journal of Bodywork and Movement Therapies*, 2003, 7(1), 11-19 (partie I) et 7(2), 104-116 (partie II).

14. Bouligand (Y.), « Liquid crystals and their analogs in biological systems », *Solid State Physics*, 1978.

15. Becker (R. O.), Selden (G.), *The Body Electric*, Morrow (W.), 1985 ;

Lakhovsky (G.), *L'Oscillation cellulaire, Ensemble des recherches expérimentales* (1931), Energeia, 2019 ; www.alternativesante.fr/medecine-energetique/comment-remonter-son-energie-vibratoire.

16. Keyes (K.), *Le Centième Singe*, 1984.

17. Bodin (L.), *Manuel de soins énergétiques*, Guy Trédaniel éditeur, 2013 ; Lipnick (Y.), *Connais-toi toi-même et tu connaîtras l'Univers et les dieux*, Oviloroî, 2014.

18. Labonté (M. L.), *Maître de ses chakras, Maître de sa vie*, Le Dauphin Blanc, 2005.

19. Si ta physiologie et sa dimension holistique t'intéressent, tu peux compléter les données qui suivent avec l'ouvrage *HACK ton corps* (Marabout, 2020).

20. La mudra est une posture connectant les nadis regroupés au point du chakra, qui participe donc à la mise en mouvement de ce dernier.

21. Descartes (R.), *Les Passions de l'âme*, 1649.

22. T. (É.), *HACK ton corps, op. cit*.

23. T. (É.), *HACK tes émotions*, Marabout, 2020.

24. T. (É.), *HACK ton mental*, Marabout, 2020.

25. Permutt (P.), *Cristaux et chakras*, Le Courrier du Livre, 2015.

26. T. (É.), *Zéro blabla cristaux*, Marabout, 2018.

27. Bodin (L.), *Manuel de soins énergétiques*, op. cit.

28. Kielce (A.), *Le Sens du tao*, Le Mail, 1991 ; Odoul (M.), *L'Harmonie des énergies*, Albin Michel, 2002.

29. Si tu souhaites aller plus loin, il existe un site très simple et très pratique : lefengshuifacile.com.

Ressources additionnelles :

Bodin (L.), *Soigner avec l'énergie*, Guy Trédaniel éditeur, 2012.

Brennan (B. A.), *Le Pouvoir bénéfique des mains*, Tchou, 2015.

Faubert (G.), Crépon (P.), *La Chronobiologie chinoise*, Albin Michel, 1995.

Lübeck (W.), Arjava Petter (F.), Lee Rand (W.), *La Quintessence du reiki*, Niando, 2002.

Meunier (M.), *L'Énergétique chinoise appliquée à la réflexologie plantaire*, Guy Trédaniel éditeur, 2012.

Achevé d'imprimer par Macrolibros pour le compte
des Éditions Marabout (Hachette Livre)
58, rue Jean-Bleuzen, 92178 Vanves Cedex
Dépôt légal : septembre 2020
ISBN : 978-2-501-14808-5
8901016